실전 일본취업 준비의 모든 것

자기분석, 이력서작성,
기업분석, 면접대책,
취업일본어, 비즈니스매너

부산외국어대학교
나가노아키 · 나유정 · 전종미 지음

부산외국어대학교 출판부

저자

나가노 아키 / 응용화학 전공

- 일본 츄오(中央)대학 이공학부 졸업
- 일본 츄오(中央)대학 대학원 이공학연구과 석사
- 대구가톨릭대학교 대학원 일어일문학과 박사 수료
- 전 일본 NTT COMWARE 주식회사 시스템엔지니어
- 현 부산외국어대학교 일본어융합학부 조교수
  (일본IT취업 코디네이터)

나 유정 / 일본어학, 일본어교육학 전공

- 경북대학교 국어국문학과 졸업
- 일본 레이타쿠(麗澤)대학 대학원 언어교육연구과 석사
- 일본 메이카이(明海)대학 대학원 응용언어학연구과 박사
- 현 부산외국어대학교 일본어융합학부 조교수

전 종미 / 사회언어학, 일본어교육학 전공

- 부산대학교 한문학과 졸업
- 부산대학교 대학원 일어일문학과 석사
- 일본 나고야(名古屋)대학 대학원 국제언어문화연구과 석사
- 일본 나고야(名古屋)대학 대학원 국제언어문화연구과 박사
- 현 부산외국어대학교 일본어융합학부 조교수

(실전)일본취업 준비의 모든 것

- 자기분석, 이력서작성, 기업분석, 면접대책, 취업일본어, 비즈니스매너 -

2025년 02월 28일 초판 발행

저 자 나가노아키 · 나유정 · 전종미
발행인 장순흥
발행처 부산외국어대학교 출판부
등 록 제 14-11-15호
주 소 609-815 부산시 금정구 금샘로485번길 65
전 화 051)509-6448 팩스 / 051)509-6468
편 집 주간 · 임기대
인쇄처 (주)광장에이앤씨 (051)583-8722

ISBN 978-89-8312-289-6 93730
정 가 23,000원

머리말

本教材は、長年、日本就職の支援に携わってきた筆者たちが、日本への就職を目指す学生たちと、そして彼らを指導する教員のために制作したものである。本教材の特徴は、主に以下の４つである。

1. この教材1冊があれば、学生たちが**自律的に日本就職の準備**ができ、また**教員も就職指導**ができる
2. **日本語と韓国語を併記**することで、韓国人・日本人どちらの使用者にも対応できる
3. これまでの**日本就職支援に関する経験**や**研究知見**をもとにした**指導方法**(自己分析、履歴書作成、面接練習、企業分析など)を掲載している
4. **実際に使われた例**を多く盛り込んだ、**実用的で実践で使える教材**である

また、本教材は、日本就職支援のための研修プログラムの授業や大学等の日本語の授業(上級日本語、ビジネス日本語など)、また就職サークルのスタディー、就職指導の現場などで活用されることを想定している。さらに、そのような機会がない学生が、本教材を活用することで自分の力で就職活動ができることを想定している。

このように、本教材が、様々な場面で活用されていくことで、日本就職支援の役に立つことを願っている。

본 교재는 오랜 기간 일본취업 지원을 담당해 온 필자들이 일본 취업을 목표로 하는 학생들, 그리고 그들을 지도하는 교원들을 위해 제작한 것이다. 본 교재의 주요 특징은 다음의 네 가지이다.

1. 이 교재로 학생들이 **자율적으로 일본취업 준비**를 할 수 있을 뿐만 아니라 **교원도 일본 취업 지도**가 가능하다.
2. **일본어와 한국어를 병기**함으로써 한국인과 일본인 누구나 사용이 가능하다.
3. 지금까지의 **일본취업 지원 경험**과 **연구에서 얻은 지식**을 바탕으로 한 **지도 방법**(자기분석, 이력서 작성, 면접 연습, 기업분석 등)을 수록하고 있다.
4. **실제로 사용된 사례**가 다수 포함되어 있어 **실용적이고 실전에서 활용할 수 있는 교재**이다.

또한 본 교재는 일본취업 지원을 위한 연수 프로그램의 강의나 대학 등의 일본어 수업(고급 일본어, 비즈니스 일본어 등), 취업 동아리의 스터디 및 취업 지도 현장 등에서 활용될 수 있도록 만들어졌다. 더 나아가 그러한 기회를 갖지 못하는 학생도 본 교재를 활용하여 스스로 취업 활동이 가능하도록 되어 있다.

이와 같이 본 교재가 다양한 상황에서 활용됨으로써 일본 취업 지원에 도움이 될 수 있기를 바란다.

目次

第一部 日本の就職活動に必要な準備 (일본취업 활동에 필요한 준비)

第一部

日本の就職活動に必要な準備

(일본취업 활동에 필요한 준비)

01 日本の就職活動 (일본취업 활동)

1. 日本の就職活動の流れと準備 (일본취업 활동의 흐름과 준비)

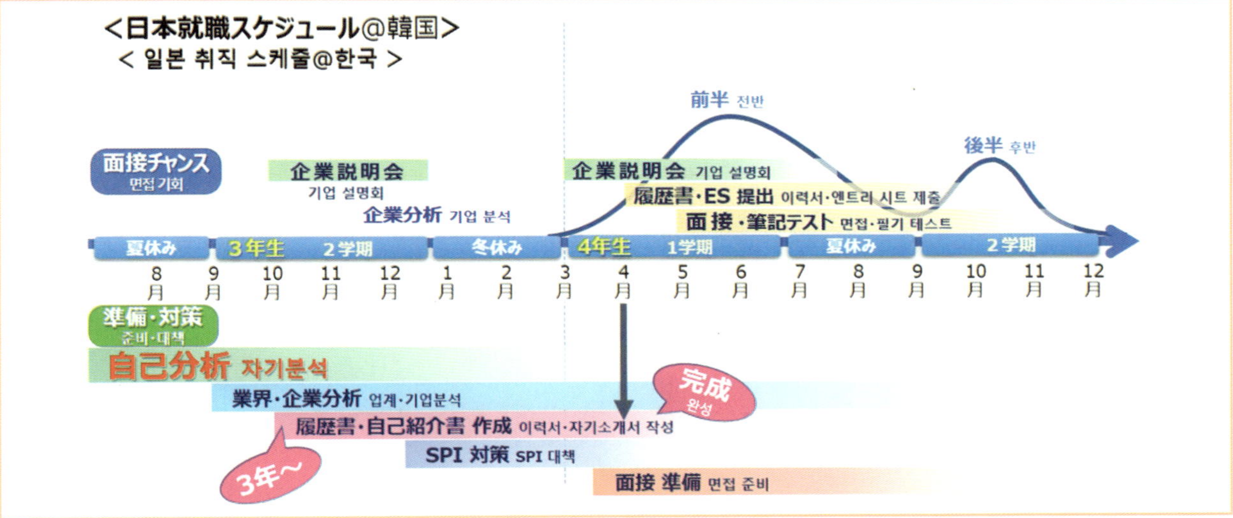

※ 筆記試験

- 試験は、適性検査、SPI(性格、**知的能力**)、一般常識、小論文など
- **WEB**で行うもの、**直接会場(企業、試験センター)**に行って行うものがある

※ 필기시험

- 시험은 적성검사, SPI (성격, **지적능력**), 일반상식, 소논문 등
- WEB으로 실시하는 것, **직접 현장(기업, 시험센터)**에서 실시하는 것이 있다.

《例1》言語問題の例「二語の関係」

はじめに示した二語の関係と同じ関係になるような語句を選び、記号で答えなさい。

[クマ:動物] [トマト:?]

A.季節 B.穀物 C.野菜 D.果物 E.畑

《例2》非言語問題の例 不等式·領域

以下の4つの式をグラフにすると、その直線と曲線は図のように9つの領域に分かれる。

(ア)x=0(y軸) (イ)y=0(x軸) (ウ)y=x (エ)$y=x^2$

上の4つの式を、それぞれ以下のような不等式に変えた場合、これらの条件をすべて満たす領域はA~Jのうちどれか。

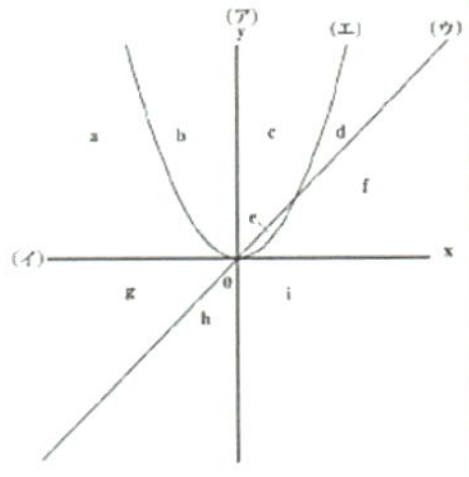

(ア)x>0
(イ)y>0
(ウ)y>x
(エ)$y<x^2$

A.aの領域 B.bの領域 C.cの領域 D.dの領域 E.eの領域 F.fの領域 G.gの領域 H.hの領域 I.iの領域 J.a~iのどれでもない

2. 内定をもらう人のパターン (내정을 받는 사람의 패턴)

内定をもらう人のパターンを知って、自分に足りない部分を準備しましょう。
(내정을 받는 사람의 패턴을 알고 자신에게 부족한 부분을 준비합시다.)

分野によって違う 분야에 따라 다르다

IT ➡ **日本語**(N1) / **IT**(전공·자격증·개발경험) + **N2**이상 / **キラリ** (머리가 좋다, 논리적 사고력, 성격, 커뮤니케이션 능력···)

서비스(호텔) ➡ **日本語**(N2이상) + **호스피탈리티**(인상·마인드) / **キラリ**(외국어능력, 센스···)

사무·영업·종합직 ➡ **日本語**(유창하다) + **α**(Human스킬 : 커뮤니케이션 능력,머리가 좋다, 리더십 능력 등등 ···)

どれにも**当てはまらない** ☞ 就職活動は**長引く**(そして、**あきらめる···**)
어느 것에도 **해당되지 않는다** 취업 활동은 **길어진다** (그리고, **포기한다···**)

さらに、**最終面接までは、「準備·練習(努力)」を十分にすることでいい**結果が出ます。
ただし、最後は企業が望む人材やその**企業にフィットする人**が選ばれることが多いため、それに合わなければ不合格になることもあります。そのため、**就職活動は、100%合格すると思わずに、できる限りたくさんのエントリーをして、面接の機会を自ら増やす**ことがとても大切です。そして、**他人と比べず、自分のペースで経験を積んでいく**ことが重要です。

(더욱이 **최종면접까지는「준비・연습(노력)」을 충분히 해야 좋은** 결과를 낼 수 있습니다.
다만, 최종적으로는 기업이 원하는 인재와 **그 기업에 딱 맞는 사람**이 선택되는 경우가 많기 때문에 기업에 맞지 않으면 불합격이 되는 경우도 있습니다. 그러므로 **취업활동은 100% 합격할 것이라 생각하지 말고 가능한 한 많은 지원을 해서 면접기회를 스스로 늘리는** 것이 매우 중요합니다. 그리고 **다른 사람과 비교하지 말고 자신의 속도에 맞추어 경험을 쌓아가는** 것이 중요합니다.)

+ 内定をもらう人は？ 내정을 받는 사람은?

最終面接までは、準備·練習 (努力)
최종면접까지는 열심히, 준비/연습(노력)

最後は、フィット感!
마지막은, 일치감!

じゃあ、どうすればいい？ 그럼 어떻게 해야 할까?

チャンスを 広げて 自分のペースで 続ける(経験にする)
찬스를 만들고, 본인의 페이스로 계속 한다.(경험으로 삼는다.)

02 自己分析 (자기분석)

1. なぜ自己分析が必要なのか (자기분석은 왜 필요한가?)

❶ 私は向上心が強く、最後まで責任を持ってやり遂げることができます。

❷ 日本留学中、ファッションブランド「ZARA」でアルバイトをしましたが、業務内容が幅広く、最初は仕事に慣れず苦労をしました。しかし、そこで諦めず「自分がここでできる事は何か」を考え、一番自信があった接客に力を入れました。そこで来店してくださった全てのお客様に笑顔で声をかけ、店舗の売上を常に念頭に置き、積極的にお客様に働きかけた結果、店内ベストセールスに選ばれました。そして、その店舗で初めての外国人セッションリーダーに指名されるまでになりました。

❸ このように粘り強く、高い目標を持って最後までやり遂げることで貴社でも結果を出していきたいと思っております。

- □ わかりやすい（**三段論法**）
- □ **根拠となる経験**がある ← **自己分析**
- □ どんな行動、思考、努力をしたのか**具体的**に書かれている
- □ **企業が求める要素**をアピールしている ← **企業分析＋自己分析**

- □ 알기 쉽다. **(삼단논법)**
- □ **근거가 되는 경험**이 있다. ← **자기분석**
- □ 어떤 행동, 사고, 노력을 했는지 **구체적**으로 쓰여 있다.
- □ **기업이 원하는 요소**를 어필하고 있다. ← **기업분석+자기분석**

履歴書、面接のために
☞「**自己分析**」が必要

이력서, 면접을 위한
☞「**자기분석**」이 필요

学生時代に、自分の一生の仕事が見つけられるかどうかはわかりません。しかし、社会に出てどんな道を歩んだとしても、**辿ってきた道の経験を次の自分に生かし、ステップアップしていく人生を歩むためには**、自分の特徴を探り、今の自分が目指すもの・求めるものは何かを考えることで、この**就職活動を自分にとって意味のある道にすることが、とても重要**です。今がそのチャンスだと思い、自分の人生のために「自己分析」をしていきましょう。

(학생시절에 자신이 일생 동안 할 일을 찾을 수 있을지 어떨지 알 수 없습니다. 그러나 사회에 나가서 어떤 길을 가든 **이제까지 걸어온 길에서의 경험을 다음에 살려서 스텝업해가는 인생길을 걷기 위해서는**, 자신의 특징을 파악하고 현재 자신이 목표로 하고 있는 것, 원하는 것은 무엇인가를 생각함으로써, **취업활동을 자신에게 있어서 의미 있는 것으로 만드는 것이 매우 중요**합니다. 지금 현재가 그 기회라고 생각하고 자신의 인생을 위한 「자기분석」을 해 나갑시다.)

2. 自己分析とは (자기분석이란)

自己分析とは、「**自分の特徴**」を整理することです。そして、その特徴は、必ず「**過去の経験**」に紐付いています。まずは、「**今の自分の特徴**」からアプローチしてみるといいでしょう。さらに、「**過去の経験**」から、その時の**自分の思考・行動特徴**を思い出し、今の自分の特徴を探るアプローチも有効的です。

(자기분석이란, 「**자신의 특징**」을 정리하는 것입니다. 또한 그 특징은 반드시 「**과거의 경험**」과 연결되어 있습니다. 먼저, 지금 「**현재의 자신의 특징**」부터 접근해 보는 것이 좋습니다. 거기에 「**과거의 경험**」에서 그 때의 **자신의 사고 · 행동의 특징**을 떠올려보면서 현재 자신의 특징을 탐구하는 접근법도 효과적입니다.)

自己分析の手順	자기분석의 순서
·「**過去の経験**」を振り返る	·「**과거의 경험**」을 되돌아본다.
·「**自分の特徴**」を整理する	·「**자신의 특징**」을 정리한다.
·「**これからの自分**」について考える	·「**앞으로의 자신**」에 대해 생각해본다.

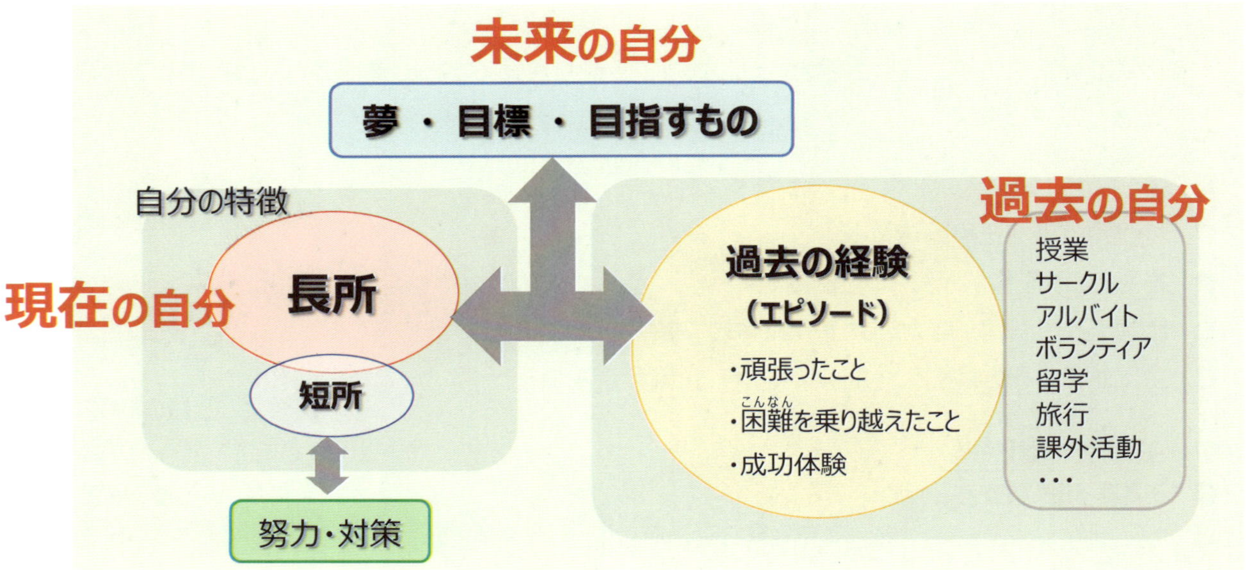

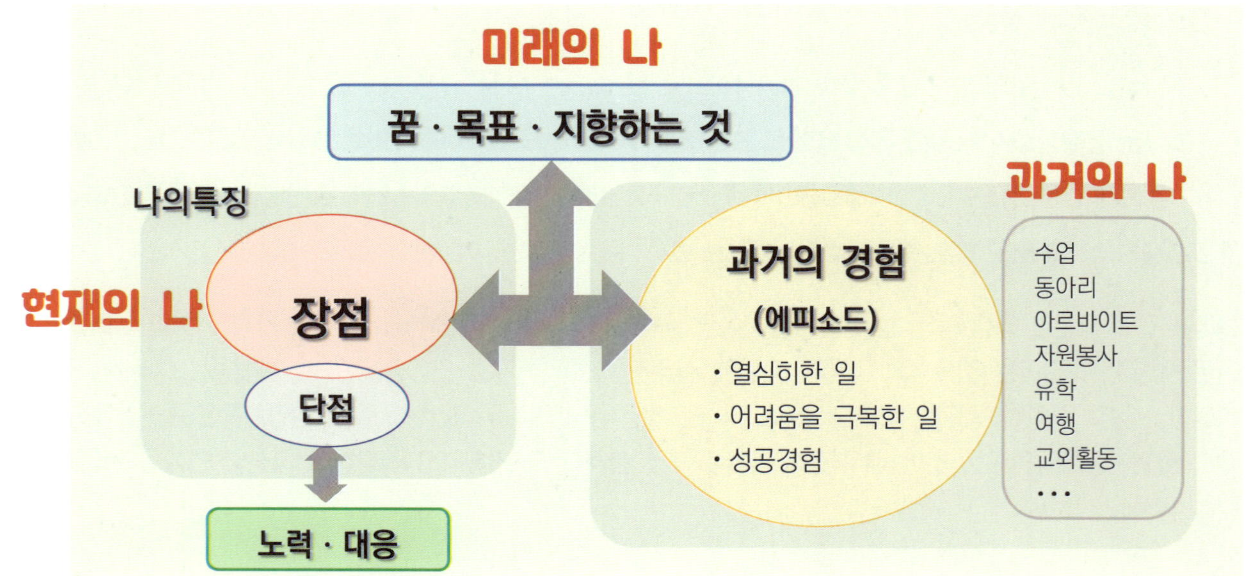

3. 具体的な自己分析の方法 (구체적인 자기분석 방법)

- ▶ **自己分析ノート** (一問一答。質問に対する答えを考えていく。)
- ▶ **長所のキーワード**から特徴を探る　　※ **<参考 1>「他己·自己評価シート」を参照**
- ▶ 自分の**マインドマップ**を作る

- ▶ **자기분석 노트** (1문 1답. 질문에 대한 대답을 생각해 나간다.)
- ▶ **장점에 대한 키워드**에서 특징을 찾아본다. ※ <참고 1>「타인・자기평가시트」참조
- ▶ 자신의 **마인드맵**을 만든다.

4. マインドマップとは (마인드맵이란?)

▶ **効果** (**효과**)

- 情報整理 (정보정리)
- 全体把握 (전체파악)
- 新たなアイディア (새로운 아이디어)
- 記憶に残る·思い出す (기억에 남는다・떠오른다)
- 目標達成·実現 (목표달성・실현)

【活用例】

- 計画、夢の実現
- 勉強、読書、スピーチ
- **自己分析** など

【활용례】

- 계획, 꿈의 실현
- 공부, 독서, 스피치
- **자기분석** 등

▶ **知的機能をフル活用** ⇒ 脳が喜ぶ、興味をもって楽しく作業できる
(**지적기능을 풀 가동** ⇒ 뇌가 기뻐하고, 흥미를 가지고 즐겁게 작업할 수 있다.)

좌뇌와 우뇌의 주요 지적기능
右脳と左脳の主な知的機能

出典/출전 : トニー・ブザン(2013)『新版 サ・マインドマップ』

5. 自分探しマインドマップ (자기탐색 마인드맵)

『自分探し』 マインドマップの書き方 (『자신을 탐색하는』 마인드맵 작성 방법)

① 中心に自分の名前（ニックネーム）を書きましょう^^ (중심에 자신의 이름(닉네임)을 씁니다^^)

② **「過去」「現在」「未来」**の順でブランチを書いていきましょう（**「과거」**, **「현재」**, **「미래」**순으로 가지치기를 합니다.)

③ ブランチ(線)の上に、**言葉(単語・短い文)**を書きましょう (가지(선)위에 **말(단어・단문)**을 적습니다.)

④ 何を、**どのように書いても OK** です、間違いはありません (무엇을 **어떻게 적든 OK**, 틀린 것은 없습니다.)

⑤ **絵**を描きながら**楽しく**考えてみましょう (**그림**을 그려가면서 **즐겁게** 생각해봅시다.)

⑥ 後で見たとき、わかりやすいように、**色**をつけても OK (나중에 보았을 때 알기 쉽도록 **색깔**을 넣어도 OK)

Tips

「Xmind (https://xmind.app/)」などの**マインドマップ作成ツール**を使って、PC やタブレットで作業するのもおすすめです。

(**「Xmind (https://xmind.app/)」**등의 **마인드맵 작성 도구**를 사용해서 PC 나 태블릿으로 작업하는 것도 권장 합니다.)

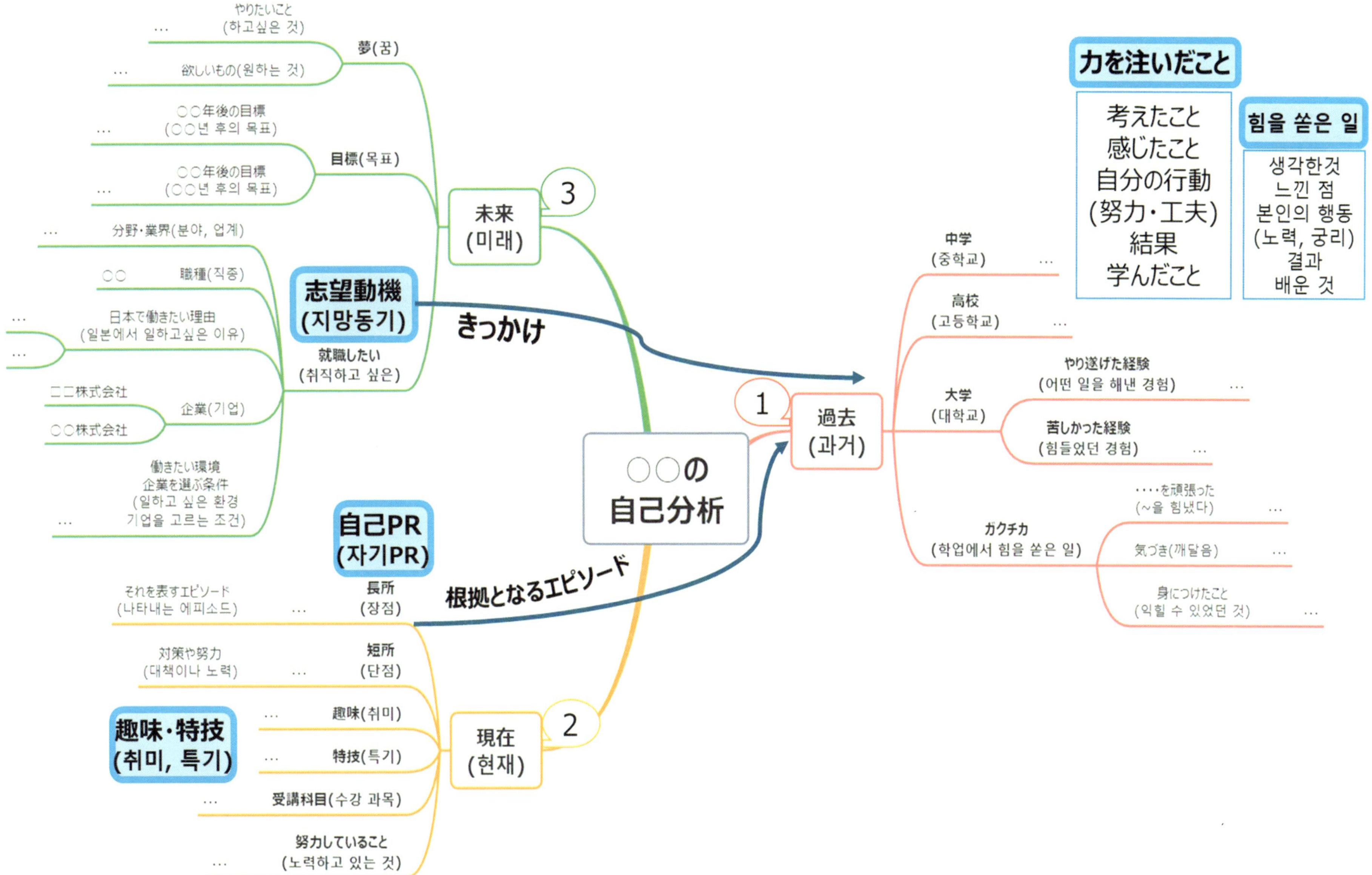
○○の
自己分析
1
過去
(과거)
中学
(중학교)
…
高校
(고등학교)
…
大学
(대학교)
やり遂げた経験
(어떤 일을 해낸 경험)
…
苦しかった経験
(힘들었던 경험)
…
ガクチカ
(학업에서 힘을 쏟은 일)
・・・・を頑張った
(~을 힘냈다)
…
気づき(깨달음)
…
身につけたこと
(익힐 수 있었던 것)
…
力を注いだこと
考えたこと
感じたこと
自分の行動
(努力・工夫)
結果
学んだこと
힘을 쏟은 일
생각한것
느낀 점
본인의 행동
(노력, 궁리)
결과
배운 것
2
現在
(현재)
自己PR
(자기PR)
長所
(장점)
…
それを表すエピソード
(나타내는 에피소드)
短所
(단점)
…
対策や努力
(대책이나 노력)
趣味・特技
(취미, 특기)
趣味(취미)
…
特技(특기)
…
受講科目(수강 과목)
…
努力していること
(노력하고 있는 것)
…
根拠となるエピソード
3
未来
(미래)
夢(꿈)
やりたいこと
(하고싶은 것)
…
欲しいもの(원하는 것)
…
目標(목표)
○○年後の目標
(○○년 후의 목표)
…
○○年後の目標
(○○년 후의 목표)
…
志望動機
(지망동기)
きっかけ
就職したい
(취직하고 싶은)
分野・業界(분야, 업계)
…
職種(직종)
○○
日本で働きたい理由
(일본에서 일하고싶은 이유)
…
…
企業(기업)
ニニ株式会社
○○株式会社
働きたい環境
企業を選ぶ条件
(일하고 싶은 환경
기업을 고르는 조건)
…

参考 1 他己評価・自己評価シート (타인평가 · 자기평가 시트)

▶ 他己 評価シート (타인에 의한 평가 시트)

自分を知っている人に、「相手が思う自分の長所を３つ」選んでもらいましょう。そして、その根拠として、「具体例、過去の経験・エピソード」を書いてもらいましょう。

(자신을 알고 있는 사람에게 「상대방이 생각하는 자신의 장점 3가지」를 골라달라고 합시다. 그리고 그 근거가 되는 「구체적인 예, 과거의 경험・에피소드」를 써 달라고 합시다.)

○	長所のキーワード 장점 키워드	根拠（それを表す具体例、過去の経験・エピソード） 근거 (그것을 나타내는 구체적인 예, 과거의 경험・에피소드)
	1. 体力 (체력)	
	2. 忍耐力 (인내력)	
	3. 継続力 (지속력)	
	4. 協調性 (협조성)	
	5. 向上心 (향상심)	
	6. 度胸 (담력)	
	7. 目標達成力 (목표달성력)	
	8. 適応力 (적응력)	
	9. 規律厳守力 (규율엄수력)	
	10. コミュニケーション能力 (커뮤니케이션능력)	
	11. 積極性 (적극성)	
	12. 責任感 (책임감)	
	13. 問題認識力 (문제인식력)	
	14. 情報収集力 (정보수집력)	
	15. プラス思考力 (긍정적사고력)	
	16. 想像力 (상상력)	
	17. 文書力 (문서작성력)	
	18. プレゼン力 (프레젠테이션력)	
	19. 交渉力 (교섭력)	
	20. ピンチ対処力 (위기대처력)	

○	長所のキーワード 장점 키워드	根拠（それを表す具体例、過去の経験·エピソード） 근거 (그것을 나타내는 구체적인 예, 과거의 경험・에피소드)
	21. 論理的思考力 (논리적사고력)	
	22. 係数感覚 (수감각)	
	23. 先見力 (예견력)	
	24. 企画力 (기획력)	
	25. マネジメント力 (관리능력)	
	26. リーダーシップ力 (리더십능력)	
	27. 人脈創造力 (인맥창조력)	
	28. 専門知識·専門技術 (전문지식・전문기술)	
	29. 経験値 (경험치)	
	30. ボランティア精神 (봉사정신)	
	31. その他 (기타)	

▶ 自己 評価シート (자기 평가 시트)

自分の長所だと思うものに○を書きましょう。その中でも、特に強い３つには◎を書いてみましょう。そして、それが長所だと思う根拠として、「具体例、過去の経験・エピソード」をメモしてみましょう。

(자신의 장점이라고 생각되는 것에 ○를 해봅시다. 그 중에서 특히 강한 3개에는 ◎를 해봅시다. 다음으로 그것이 장점이라고 생각하는 「구체적인 예, 과거의 경험・에피소드」를 메모해봅시다.)

○	長所のキーワード 장점 키워드	根拠（それを表す具体例、過去の経験・エピソード） 근거 (그것을 나타내는 구체적인 예, 과거의 경험・에피소드)
	1. 体力 (체력)	
	2. 忍耐力 (인내력)	
	3. 継続力 (지속력)	
	4. 協調性 (협조성)	
	5. 向上心 (향상심)	
	6. 度胸 (담력)	
	7. 目標達成力 (목표달성력)	
	8. 適応力 (적응력)	
	9. 規律厳守力 (규율엄수력)	
	10. コミュニケーション能力 (커뮤니케이션능력)	
	11. 積極性 (적극성)	
	12. 責任感 (책임감)	
	13. 問題認識力 (문제인식력)	
	14. 情報収集力 (정보수집력)	
	15. プラス思考力 (긍정적사고력)	
	16. 想像力 (상상력)	
	17. 文書力 (문서작성력)	
	18. プレゼン力 (프레젠테이션력)	
	19. 交渉力 (교섭력)	
	20. ピンチ対処力 (위기대처력)	
	21. 論理的思考力 (논리적사고력)	
	22. 係数感覚 (수감각)	

○	長所のキーワード 장점 키워드	根拠（それを表す具体例、過去の経験・エピソード） 근거 (그것을 나타내는 구체적인 예, 과거의 경험・에피소드)
	23. 先見力 (예견력)	
	24. 企画力 (기획력)	
	25. マネジメント力 (관리능력)	
	26. リーダーシップ力 (리더십능력)	
	27. 人脈創造力 (인맥창조력)	
	28. 専門知識·専門技術 (전문지식・전문기술)	
	29. 経験値 (경험치)	
	30. ボランティア精神 (봉사정신)	
	31. その他 (기타)	

03 履歴書 (이력서)

1. 履歴書の書き方 (이력서 작성법)

履　歴　書　　①令和 ○○年　○月　○日 現在

④

フリガナ	ホン　ギルトン	性別
氏　名	② 洪　吉童　㊞ ③	㊚・女
生年月日	平成○○年　○月　○日　　(満△△歳)	

フリガナ	カンコク プサンコウイキシ ○○グ △△△ロ 12-34
現住所 ⑤	〒12345 韓国　釜山広域市　○○区　△△△路　12-34 (英語) 12-34, △△-△ro, ○○-gu, Busan Korea
電話番号	(自宅電話) +82 (0)51-000-0000　(携帯電話) +82 (0)10-0000-0000
E-Mail	■■■■@gmail.com
フリガナ	
連絡先	〒　(現住所以外に連絡を希望する場合のみ記入)
連絡先電話番号	

年	月	学歴・職歴
		⑥ 学　歴
平成 28	3	△△高等学校　入学
令和 1	2	△△高等学校　卒業
令和 1	3	○○大学　日本語学部　入学
令和 2	4	■□■大学 交換留学 (日本/東京　～令和 3 年 2 月　1 年間)
令和 3	9	○○大学　日本語学部　休学
令和 4	3	○○大学　日本語学部　復学
令和 5	2	○○大学　日本語学部　卒業見込み
		⑦ 職　歴
令和 2	9	日本／東京　お好み焼き専門店「☆☆」にて、接客のアルバイト
		(日本のお客様に、日本語で接客ができるようになりました)
		(～令和 3 年 2 月　6 ヶ月間)
		以　上

自己紹介書

年	月	⑧ 免許・資格
令和 2	1	日本語能力試験 N1 合格
令和 3	7	TOEIC 試験 850 点 取得
令和 5	5	情報処理技師 理論試験 準備中 （令和 5 年○月○日 受験予定）

得意科目・専攻科目（学業で力を注いだこと）

得意科目·専攻科目（学業で力を注いだこと） ⇒※「3. ガクチカ(学業)」参照

잘하는 과목·전공과목(학업에서 힘을 쏟은 것) ⇒ ※「3. 학업」 참조

学業以外で学生時代に力を注いだこと

学業以外で学生時代に力を注いだこと ⇒※「4. ガクチカ(学業以外)」参照

학업이외에 학생시절에 열심히 한 것 ⇒ ※「4. 학업이외」 참조

趣味・特技

趣味·特技 ⇒※「7. 趣味·特技」参照

취미·특기 ⇒ ※「7. 취미·특기」 참조

自己ＰＲ（セールスポイントなど）

自己ＰＲ（セールスポイントなど） ⇒※「5.自己 PR（長所）」参照

자기 PR (장점 등) ⇒ ※「5. 자기 PR(장점)」 참조

» 全体 (전체)

▶ 履歴書は「**見た目**（ていねいさ・字のサイズ・バランス等）」も重要。⇒ 最後に、必ず印刷して最終チェック！！

▶ 韓国内での就職活動や、メールで送る場合は Word 入力でも OK。その場合、**フォントスタイル**は**日本のフォント（MS Mincho が一般的）で統一**し、韓国語のフォントが混ざらないようにする。

▶ 文体は、通常「**です・ます体**」で書く。

▶ 이력서는「**외관**(정중함 ・글자사이즈・밸런스 등)」도 중요. ⇒ 마지막에 반드시 인쇄하여 최종 체크!!

▶ 한국내에서의 취업활동에서나 메일로 보낼 경우에는 Word 입력도 OK. 이 경우에는 **글자체**는 **일본의 글자체**(MS Mincho 가 일반적)로 **통일**하고 한국어 글자체(바탕, 맑은고딕 등)가 혼재하지 않도록 한다.

▶ 문체는 일반적으로「**です・ます체**」로 쓴다.

❶ 日付 (날짜)

▶ **提出日**のこと。（会社に持参する日、郵送する日、メールで送る日）

▶ **年号**または**西暦**のどちらかにそろえる。（年号が一般的）

▶ **제출일** (회사에 지참하는 날, 우편발송하는 날, 메일로 보내는 날)

▶ **연호**와 **서력** 중 어느쪽이든 일괄적으로 맞춘다. (연호가 일반적)

西暦	年号	西暦	年号	西暦	年号	西暦	年号
2027	令和 9 年	2018	平成 30 年	2007	平成 19 年	1996	平成 8 年
2026	令和 8 年	2017	平成 29 年	2006	平成 18 年	1994	平成 6 年
2025	令和 7 年	2016	平成 28 年	2005	平成 17 年	1993	平成 5 年
2024	令和 6 年	2015	平成 27 年	2003	平成 15 年	1992	平成 4 年
2023	令和 5 年	2014	平成 26 年	2002	平成 14 年	1991	平成 3 年
2022	令和 4 年	2012	平成 24 年	2001	平成 13 年	1990	平成 2 年
2021	令和 3 年	2011	平成 23 年	2000	平成 12 年	1989	平成元年(1/8～)
2020	令和 2 年	2010	平成 22 年	1999	平成 11 年	1988	昭和 63 年
2019	**令和元年(5/1～)**	2009	平成 21 年	1998	平成 10 年	1987	昭和 62 年
2019	平成 30 年(～4/30)	2008	平成 20 年	1997	平成 9 年	1986	昭和 61 年

❷ 氏名(しめい) (이름)

▶ 必ずふりがなを書くこと。(반드시 후리가나를 쓸 것.)

(例1)

フリガナ	ホン　ギルドン
氏名	洪　吉同

(例2)

ふりがな	ほん　ぎるどん
氏名	洪　吉同

※ 様式(ようしき)に合わせて、「フリガナ」なら**カタカナ**で、「ふりがな」なら**ひらがな**で書く。

※ 양식에 맞추어 「フリガナ」라면 **가타카나**로, 「ふりがな」라면 **히라가나**로 쓴다.

❸ 印鑑(いんかん) (인감) … ワードで送る時は不要(ふよう) (워드문서로 보낼 때에는 불필요함)

▶ 三文判(さんもんばん)でもOK。

▶ 印影(いんえい)が曲(ま)がる・欠(か)ける、方向が合っていない ⇒ ×

▶ 일반도장도 OK.

▶ 도장모양이 비뚤어짐・이지러짐, 방향이 맞지 않는다 ⇒ ×

❹ 写真 (사진)

▶ **リクルートスーツ**を着て撮影(さつえい)すること。

▶ 歯を見せた笑顔は×

▶ 清潔(せいけつ)な髪型(かみがた)、髪の色は明るすぎない

▶ 自然な化粧(けしょう)、アクセサリー×

▶ **정장**을 입고 촬영할 것.

▶ 이가 보이는 웃는 얼굴 ×

▶ 청결한 머리모양, 머리색은 너무 밝지 않게

▶ 자연스러운 화장, 액세서리 ×

❺ 現住所(げんじゅうしょ) (현주소)

▶ 必ず**ふりがな**を書くこと。(반드시 **후리가나**를 쓸 것.)

(例)

フリガナ	カンコク プサンコウイキシ △△△グ ○○ロ
現住所	〒176XX 韓国　釜山広域市　△△△区　○○路　XX-XX

▶ 日本語の住所は形式的(けいしきてき)に書き、実際(じっさい)によく使われる**英語の住所**も書いておくこと。

▶ 일본어로 적는 주소는 형식적으로 적는다. 실제로 자주 사용하는 **영어 주소**도 써 둘 것.

❻ 学歴 ・・・ <参考 2> ケース別「学歴・職歴」の記入例 を参照

(학력 ・・・ <참고 2>케이스별「학력・경력」기입 예 참조)

- ▶ 1 行目に「学歴」と記入する。
- ▶ 学校名は正式名称を記入。（入学/卒業の両方を書く）
- ▶ 「中学校 卒業」から記入。内容が多い場合は、「高等学校 入学」から記入。
- ▶ 大学の場合、「○○大学校」ではなく、「○○大学」と記入。専攻学部や学科まで必ず記入。
- ▶ 「入学」「卒業」「休学」「復学」「卒業見込み」等を記入。
- ▶ 兵役：「入隊」「満期除隊」を記入。（陸軍・空軍・海軍など簡単に明記）
- ▶ 留学：基本的に、1 年以上留学した場合のみ記入。「語学研修」の場合は「期間」も含めて記入。

例）　令和 3 年 10 月　アン・ランゲージスクール　入学（日本 / 池袋）
　　　令和 4 年 3 月　アン・ランゲージスクール　○○○○課程　修了(6ヶ月)

- ▶ 첫 행에 「학력」을 기입한다.
- ▶ 학교명은 정식명칭 기입 (입학/졸업 양쪽 기입)
- ▶ 「중학교 졸업」부터 기입 내용이 많을 경우에는 「고등학교 입학」부터 기입
- ▶ 대학의 경우, 「○○대학교」가 아닌 「○○大学」으로 기입. 전공학부나 학과까지 반드시 기입
- ▶ 「입학」「졸업」「휴학」「복학」「졸업예정」등을 기입
- ▶ 병역 : 「입대」「만기제대」기입 (육군・공군・해군 등 간단히 명기)
- ▶ 유학 : 기본적으로 1 년이상 유학한 경우만 기입. 「어학연수」의 경우는「기간」도 포함해서 기입

❼ 職歴 ・・・ <参考 2> ケース別「学歴・職歴」の記入例 を参照

(경력 ・・・ <참고 2>케이스별「학력・경력」기입예 참조)

- ▶ 1 行目に「職歴」と記入する。
- ▶ 職務経歴がない場合は「なし」と記入。
- ▶ 職務経歴がある人は、古い順に「入社」「退職」を書く。 ※ 社員（正社員・契約社員）として働いた場合のみ
- ▶ 日本でのアルバイト経験をアピールする場合は「アルバイト」であることを必ず明記。

（「場所」「会社名」「簡単な業務内容」「期間」を記入） ※ 日本ではアルバイトは職歴に入らない

- ▶ 最後の行、右下に「以上」と必ず明記。
- ▶ 첫 행에 「직력(경력)」이라고 기입한다.
- ▶ 근무경력이 없는 경우에는 「없음」이라고 기입
- ▶ 직무경력이 있는 사람은 오래된 순으로 「입사」「퇴사」를 쓴다. ※ 사원(정규직・계약직)으로 일한 것만
- ▶ 일본에서의 아르바이트 경험을 어필할 경우에는 「아르바이트」임을 반드시 명시

(「장소」「회사명」「간단한 업무내용」「기간」을 기입) ※ 일본에서는 아르바이트는 경력이 아님

- ▶ 마지막 행의 오른쪽 아래에 「이상」이라고 반드시 명시

❽ 免許・資格 (면허・자격)

▶ **取得した順（古い順）**に記述。

▶ 韓国の免許・資格を書いてもOK。 ※どんな資格かわかりにくいものには( )で簡単な説明を書く。

▶ なるべく多く書いた方がよいが、書ききれない場合は仕事に関連するものを優先する。

▶ 運転免許は日本式で表記する。

例) 한국식 : 1종보통, 2종보통 ⇒ 日本式 : 普通自動車 第一種免許

(※ 일본에서「普通自動車 第二種免許」라고 하면 택시 및 여객운송 등을 말함)

▶ 現在、**勉強(準備)している資格・免許**について記述してもよい。(希望職種等に関連するもの)

例) 情報処理技師 試験 **準備中** (平成○○年 ○○月 ○○日 **受験予定**)

▶ **취득한 순서(오래된 것)**대로 기입

▶ 한국의 면허・자격을 써도 OK ※어떤 자격인지 알기 어려운 것에는 ( )안에 간단한 설명 적기.

▶ 가능한한 많이 적는 것이 좋지만 다 적지못할 경우에는 업무와 관련된 것을 우선한다.

▶ 운전면허는 일본식으로 표기한다.

▶ 현재 **공부(준비)중인 자격・면허**에 대해서는 기술해도 된다. (희망직종 등과 관련된 것)

예) 정보처리기사 시험 **준비중** (平成○○年 ○○月 ○○日 **수험 예정**)

» その他

▶ その他、「日本で働きたい理由」、「志望動機」など、希望している企業や職種に合わせて、項目を修正・追加するとよい。

(그 외「일본에서 일하고 싶은 이유」,「지망동기」등, 희망하는 기업이나 직종에 맞추어서 항목을 수정・추가하면 좋다.)

⇒ ※「6. 日本で働きたい理由」、「8.志望動機」参照

(「6. 일본에서 일하고 싶은 이유」,「8.지망동기」참조)

参考 2 ケース別「学歴・経歴」の記入例 (케이스별「학력・경력」의 기입 예)

▶ Case1：留学 (유학)

年	月	学歴・職歴
		学　歴
令和元	3	△△女子高等学校　入学
令和 4	2	△△女子高等学校　卒業
令和 4	3	□□□大学　◆◆◆学部　入学
令和 6	4	○○○大学　交換留学（日本／京都　～令和 7 年 2 月　1 年間）
令和 8	2	□□□大学　◆◆◆学部　卒業見込み
		職　歴

基本的に、1 年以上、留学した場合、学歴に留学した「学校名、場所、期間」を記載する。
留学の理由や、そこで行ったことなどのアピールは、自己紹介書の経験の中に書く。

(기본적으로 1 년 이상 유학한 경우, 학력에 유학한 「학교이름, 장소, 기간」을 기재한다.
유학 이유나 그곳에서 했던 활동 등에 대한 어필은 자기소개서에 경험으로 작성한다.)

▶ Case2：転部・転科 (전부・전과)

年	月	学歴・職歴
		学　歴
令和 2	3	△△女子高等学校　入学
令和 5	2	△△女子高等学校　卒業
令和 5	4	□□□大学　◆◆◆学部　入学
令和 6	3	□□□大学　■○■○学部へ転部
令和 9	2	□□□大学　■○■○学部　卒業見込み
		職　歴

学部を変えた場合は、「大学名　変更先の学部名　転部」と記載。
学科を変えた場合は、「大学名　変更先の学科名　転科」と記載。
「卒業見込み」は変更先の学部／学科を記載する。

(학부를 바꾼 경우에는 「대학이름 변경된 곳의 학부명 전부」라고 기재
학과를 바꾼 경우에는 「대학이름 변경된 곳의 학과명 전과」라고 기재
「졸업예정」은 변경된 곳의 학부/학과를 기재))

▶ Case3：軍隊(ぐんたい)、休学・復学 (군대, 휴학・복학)

年	月	学歴・職歴
		学　歴
平成 28	3	△△女子高等学校　入学
令和元	2	△△女子高等学校　卒業
令和元	3	□□□大学　◆◆◆学部　入学
令和 2	1	□□□大学　◆◆◆学部　休学
令和 2	6	陸軍　入隊　（〜令和 4 年 3 月　満期除隊）
令和 5	3	□□□大学　◆◆◆学部　復学
令和 7	2	□□□大学　◆◆◆学部　卒業見込み
		職　歴

※「休学(きゅうがく)、軍隊入隊(ぐんたいにゅうたい)／除隊(じょたい)、復学(ふくがく)」はセット
(※「휴학, 군입대／제대, 복학」은 세트)

令和 2	1	□□□大学　◆◆◆学部　休学
令和 2	6	陸軍　入隊
令和 4	3	陸軍　満期除隊
令和 5	3	□□□大学　◆◆◆学部　復学

※ このように、「入隊」「満期除隊」を分けてもよい

韓国の男子学生のほとんどが、兵役(へいえき)後に就職活動を行うはずです。その場合、「軍隊(ぐんたい)（陸軍(りくぐん)、海軍(かいぐん)　等）入隊(にゅうたい)、満期除隊(まんきじょたい)」を記載(きさい)し、しっかりと兵役(へいえき)を終えたことを示(しめ)しましょう。

また、兵役(へいえき)は、大学を休学して行くため、「**休学(きゅうがく)・復学(ふくがく)**」も忘れずに記載(きさい)すること。

(한국의 남학생 대부분은 군 복무 후 취업 활동을 할 것입니다. 그 경우 「군대(육군, 해군 등) 입대, 만기제대」를 기재하여 성실하게 병역을 마쳤음을 명확히 보여줍시다. 또한, 병역은 대학교를 휴학하고 다녀오게 되므로 「**휴학・복학**」도 잊지 말고 기재합시다.)

▶ Case4：ワーキングホリデー、休学・復学 (워킹홀리데이, 휴학・복학)

年	月	学歴・職歴
		学　歴
令和元	3	△△女子高等学校　入学
令和 2	2	△△女子高等学校　卒業
令和 2	3	□□□大学　◆◆◆学部　入学
令和 4	1	□□□大学　◆◆◆学部　休学
令和 4	4	ワーキングホリデー（日本　～令和 5 年 2 月　11 ヶ月間）
令和 5	3	□□□大学　◆◆◆学部　復学
令和 7	2	□□□大学　◆◆◆学部　卒業見込み
		職　歴

※「休学、ワーキングホリデー、復学」はセット
(※「휴학, 워킹홀리데이, 복학」은 세트)

ワーキングホリデーの「国名、期間」を記載。
ワーキングホリデーは、大学を休学して行くため、「**休学・復学**」も忘れずに記載。

(워킹홀리데이를 한「국가명・기간」을 기재.
워킹홀리데이는 대학을 휴학하고 가므로「**휴학・복학**」도 잊지말고 기재.)

▶ Case5：職歴（なし、アルバイト、正社員、契約社員）

경력 (없음, 아르바이트, 정사원, 계약사원)

－ 職歴：なし (경력 : 없음)

年	月	学歴・職歴
		学　歴
令和元	3	△△女子高等学校　入学
令和 4	2	△△女子高等学校　卒業
令和 4	3	□□□大学　◆◆◆学部　入学
令和 6	2	□□□大学　◆◆◆学部　卒業見込み
		職　歴
		なし
		以　上

職歴がなければ「なし」と記載。 ※ 基本的にアルバイトは職歴に入らない。
(경력이 없으면「없음」이라고 기재 ※ 기본적으로 아르바이트는 경력에 들어가지 않는다.)

- 職歴：アルバイト、インターン（경력 : 아르바이트, 인턴）

		職　歴
令和２	11	日本／大阪　靴屋「▲▲▲」にて、接客・販売のアルバイト
		（～令和２年７月　９ヶ月間）
令和３	3	□□□大学「学生支援センター」にてインターン（国家勤労奨学生）
		（～令和３年７月　５ヶ月間）
		以　上

基本的にアルバイトは職歴に入らない。

しかし、韓国国内で就職活動をする場合は、アルバイトを職歴に書く人が多いため、**自己 PR になるものを選んで記載**してもよい。その場合、「地域、勤務先、仕事内容など」がわかるように書き、**必ず「アルバイト」であることを明記**する。インターンの場合も、「勤務先、期間」がわかるように記載。

(**기본적으로 아르바이트는 경력에 포함되지 않는다.**
그러나 한국내에서 취업 활동을 할 경우, 아르바이트를 경력에 쓰는 사람이 많기 때문에 **자기 PR 이 될 수 있는 것을 선택하여 기재**해도 좋다. 그 경우, 「지역, 근무처, 업무내용 등」을 알 수 있게 작성하고, **반드시 「아르바이트」 임을 명확히 기재**해야 한다. 인턴의 경우에도 「근무처, 기간」을 알 수 있게 기재한다.)

- 職歴：正社員（경력 : 정사원）

		職　歴
令和元	2	○○Soft　入社（韓国／釜山にあるソフトウェア会社）
		- PHP を利用したホームページ制作に従事
令和２	5	軍隊入隊のため退職
		以上

正社員として入社した場合、「会社名　入社」を記載。

韓国企業の場合、どのような企業に勤めていたかわかるように、カッコ（　）で企業の補足説明をするとよい。また、業務内容についても簡単に記載するとよい。退職した場合は「退職理由　退職」を記載する。

(정사원으로 입사한 경우는「회사명 입사」를 기재.
한국 기업의 경우, 어떤 기업에서 근무했는지 알 수 있도록 괄호 ( ) 안에 기업에 대한 보충 설명을 하는 것이 좋다. 또한, 업무 내용에 대해서도 간단하게 기재하는 것이 좋다. 퇴직한 경우에는 「퇴직 사유, 퇴사」을 기재한다.)

- 職歴：契約社員 (경력 : 계약사원)

		職　歴
令和元	9	仁川国際空港「▲▲免税店」契約社員として入社
		－〇〇化粧品販売担当（外国人販売係、商品の片付け、接客等）
令和２	9	契約満了により退職
		以上

契約社員として入社した場合、「会社名　契約社員として入社」を記載。それ以外は、正社員の書き方と同様。

(계약사원으로 입사한 경우는 「회사명 계약사원으로서 입사」를 기재. 그 외는 정사원의 경우와 같은 요령으로 기입)

2. 三段論法のススメ (삼단논법 쓰기 권장)

▶ 三段論法 (삼단논법)

① **結論(主張)** (결론(주장))

- 「私の ○○ は、△△ です。」 ※ まずは、質問に対する答え（結論）を一言で言う
  (먼저 질문에 대한 대답(결론)을 한마디로 말한다)

② **根拠·理由のエピソード** (근거 이유에 대한 에피소드)

- 結論の「根拠·理由」となる**具体的なエピソード、経験**
  (결론의 「근거・이유」가 되는 **구체적인 에피소드, 경험**)
- そこで「努力したこと·その結果得たもの」など (그래서 「노력한 것・그 결과 얻은 것」 등)

③ **まとめ(結論を繰り返す)** (정리 (결론을 반복함))

- それを、どのように仕事で生かしていくか（今後の抱負）・・・など
  (그것을 어떻게 업무에 활용해나갈 것인가 (앞으로의 포부) ・・・등)

例 自己 PR、長所 (예 자기 PR, 장점)

❶ 私は向上心が強く、最後まで責任を持ってやり遂げることができます。

❷ 日本留学中、ファッションブランド「ZARA」でアルバイトをしましたが、業務内容が幅広く、最初は仕事に慣れず苦労をしました。しかし、そこで諦めず「自分がここでできる事は何か」を考え、一番自信があった接客に力を入れました。そこで来店してくださった全てのお客様に笑顔で声をかけ、店舗の売上を常に念頭に置き、積極的にお客様に働きかけた結果、店内ベストセールスに選ばれました。そして、その店舗で初めての外国人セッションリーダーに指名されるまでになりました。

> **具体的とは？**
> 구체적으로는?
> **努力·行動·考え**
> 노력・행동・생각
> **結果·学び·成長**
> 결과・배운 것・성장

❸ このように粘り強く、高い目標を持って最後までやり遂げることで貴社でも結果を出していきたいと思っております。

(저는 향상심이 강하고, 끝까지 책임감을 가지고 일을 완수할 수 있습니다.
일본에 유학했을 때 패션브랜드「ZARA」에서 아르바이트를 했습니다만, 업무 내용이 너무 넓고 다양하여 처음에는 일이 익숙하지않아 어려움을 겪었습니다. 그러나 포기하지 않고「내가 여기서 할 수 있는 일은 무엇인가」를 생각하고, 가장 자신있는 접객에 힘을 쏟았습니다. 내점하시는 모든 고객님께 웃는 얼굴로 인사를 하고, 가게의 매상을 늘 염두에 두면서 적극적으로 손님을 대한 결과 매장내에서 베스트세일즈로 선정되었습니다. 그리하여 그 매장에서는 처음으로 외국인 파트의 리더로 지명되게 되었습니다.
이러한 끈기있게 높은 목표를 가지고 끝까지 완수하는 장점을 살려 귀사에서도 성과를 내고자 합니다.)

❶ 質問に対する**こたえ、結論**（**自分の主張**）(질문에 대한 **대답, 결론**(**자신의 주장**))

❷ 自分の主張を **具体的**な「**例・経験談**」で証明 (자신의 주장을 **구체적**인「**예・경험담**」으로 증명)

❸ 自分の主張をもとに **まとめ（今後のほうふ）**(자신의 주장을 바탕으로 **요약(앞으로의 포부)**)

3. ガクチカ(学生時代に学業で頑張ったこと) (학생시절에 학업에서 열심히 한 것)

▶ **あなたが大学時代、学業で 力を入れたこと / 頑張ったこと は何ですか？**

(당신이 대학시절에 학업에서 힘을 쏟았던 것 / 열심히 한 것은 무엇입니까?)

- **学業** ⇒ 大学の授業「**専攻科目** ・ **力を入れてきた分野** ・ 研究分野(卒論)」
- **何を見る？** ⇒ 大学で何を**学んで**、何が**できるようになった**か
  (具体的に身につけた**知識・能力・スキル**、 **学び・気づき**)
- **학업** ⇒ 대학수업「**전공과목** · **힘을 쏟은 분야** · 연구분야(졸업논문)」
- **무엇을 보는가?** ⇒ 대학에서 무엇을 **배우고** 무엇을 **할 수 있게** 되었는가?
  (구체적으로 습득한 **지식 · 능력 · 스킬, 배운 점 · 깨달은 점**)

• **先輩の例 <IT 企業内定、日本語専攻>・・・ 日本語に注力**
(선배의 예 〈IT 기업 내정, 일본어전공〉 ・ ・ ・ 일본어에 주력)

得意科目・専攻科目（学業で力を注いだこと）

❶ ●日本で働けるレベルの日本語能力を養うために努力

❷ 大学入学時は、国際学部で経営学や経済学を学びました。しかし、それよりも、高校から趣味で学んだ日本語にもっと情熱があったことに気づき、2年生で日本語学部に転部しました。

日本語学部の授業で、最も役に立った授業は「日本語テキスト読み書き」でした。この授業によって、一人で勉強するには不十分だった読解力を向上させることができました。また、学部内の通翻訳サークルに入部し、韓国と日本の新聞やウェブの記事を読んで韓国語を日本語に翻訳する練習をたくさんしました。それにより、日本語の文章の丁寧な書き方を覚えることができました。

さらに、日本の下関市立大学に1年間の交換留学に行き、「スピーチとコミュニケーション」という授業で自分の考えを言葉にし、発表する経験を繰り返した結果、自信を持って日本語で自分の考えを相手に伝えられるようになりました。

❸ このような経験を通して、日本で生活できるほどの日本語能力を養うことができ、これをもとに、貴社でも職務の内容をすばやく理解し、業務に取り組める人材になりたいです。

❶ **力を入れたこと**
(日本で働けるレベルの日本語)
❷ 日本語に対する**熱意**(行動)、
具体的な**努力・行動** ➡ その**結果**
❸ まとめ＋今後の抱負

❶ **힘을 쏟은 것**
(일본에서 일할 수 있는 수준의 일본어)
❷ 일본어에 대한 **열정**(행동),
구체적인 **노력 · 행동** ➡ 그 **결과**
❸ 요약+앞으로의 포부.

・ **先輩の例　<IT 企業内定、日本語専攻>・・・ 日本語と IT**
(선배의 예 〈IT 기업 내정, 일본어전공〉・・・ 일본어와 IT)

得意科目・専攻科目（学業で力を注いだこと）

❶ ●「日本語」と「IT」に注力

❷ 私の専攻は「日本語」です。授業では文法や日本の文化、歴史について学びました。中でも力を入れた科目は「日韓通訳」です。この授業は日本語上級者向けで、漢字や日本語会話に自信がなかった私にはハードルが高い科目でした。しかし、受講生の水準や授業の難易度が高いほど得られるものも多いと思い、授業を申し込むことにしました。授業についていくために、授業で使われるラジオニュース(音声)やニュースの記事などを事前に覚えるといった予習を行いました。その結果、好成績(A+)を残すことができただけでなく、レベルの高い授業により漢字の読みや日本語会話の能力が向上し、JLPT　N1にも合格することができました。

また、副専攻は「コンピューターソフトウェア」です。授業では「Linux」や「C 言語」を勉強し、「R 言語」によるビックデータ処理や「HTML、CSS」を使ったホームページ制作などについても学びました。これらの授業がきっかけでソフトウェア開発に興味を持つようになり、個人的に「Java」のスタディーグループを作り、現在はWeb 開発のスキルUP を目標に取り組んでいるところです。

❸ **省略**

・ **先輩の例　<IT 企業内定、日本語専攻>・・・ 開発経験あり**
(선배의 예 〈IT 기업 내정, 일본어전공〉・・・ 개발경험이 있는 경우)

得意科目・専攻科目（学業で力を注いだこと）

❶ ◆ ITと日本語

❷ 私は大学で日本語だけでなく、様々な知識を身に付けたいと思い、「日本語の敬語とビジネスマナー、IT 実務日本語、日本語ディベート」などの日本語を活用する授業を受けてきました。そして、「IT 実務日本語」の授業がきっかけで、自分の考えを形に出来る IT に魅力を感じ、「Java、アルゴリズム、データベース、ネットワーク」などの IT の授業を取りました。その後、授業と独学で身に付けた IT スキルでものづくりにハマり、Java の GUI ジャンケンゲーム、Python の漢字クイズゲームと自動メール送信モジュール、Flask とデータベースを活用した掲示板サイト、Spring と Naver API を活用した飲食店紹介サイトなど、様々なアプリを作り、IT の技術で何かを作り出すことを仕事にしたいと思うようになりました。❸そして、「したい」と考えるだけで終わらせずに、自分のスキルを高めることで一人前の技術者になりたいと思います。

制作アプリ(GitHub)： http://github.com/xxxxxxxxx

• **先輩の例** **<総合職内定、ビジネス日本語専攻>**
(선배의 예 〈종합직 내정, 비즈니스 일본어전공〉)

得意科目・専攻科目（学業で力を注いだこと）

❶ 専攻は「ビジネス日本語」で、副専攻は「英語」です。日本から世界に広がる仕事ができるよう、「日本語」と世界の共通語である「英語」の習得に力を注いできました。

❷ 専攻の「ビジネス日本語」では、会話、書き取り、聴解、読解など基本的な日本語に加え、日本のビジネス場面での用語、マナー、応対、文書作成等について学びました。また、専門科目では、ホテル・観光・サービス関連の授業を主に受講し、業界知識や専門用語、ビジネスの仕組みについて日韓それぞれの視点から学んできました。これにより語学としての日本語だけでなく、ビジネスや実務に関わる知識とそこで使える日本語を身につけることができました。

さらに、副専攻の「英語」では、日本語と同様に基本的な英会話、書き取り、聴解、読解などの授業を通して、特に「英語の書き取り・聴解」の能力を向上させることができました。

❸ **省略**

❶ **専攻**について、その中で力を注いできたこと（力を注いだ目的・理由）
❷ 専攻科目で**具体的に受講した科目**、**身につけたこと**

❶ **전공**에 대해서는 힘을 기울인 것(힘을 쏟은 목적・이유)
❷ 전공과목은 **구체적으로 수강한 과목**, **습득한 것**

• **先輩の例** **<ホテル内定、ビジネス日本語専攻>**
(선배의 예 〈호텔 내정, 비즈니스 일본어전공〉)

得意科目・専攻科目（学業で力を注いだこと）

❶ 私の専攻は「ビジネス日本語」です。

❷ ビジネス日本語を学ぶことに先立ち、日常会話、読解、文法などの全般的な日本語を学びました。その後、ホテル・サービス業界への就職を目指し、その専門知識や日本語が学べる科目（「ホテル実務日本語」「韓日ホテル観光経営とマーケティング」「韓日ホテル観光経営と実務」等）に注力してきました。特に、ホテルで使われる日本語は、表現・語彙をただ暗記するのではなく、ロールプレイやグループ練習を通して、実際の現場を想定したサービス日本語を習得することができました。また、ホテルマナーや業務について学ぶために、理論授業だけでなく実習授業（実際に働いているホテル従業員から、客室説明やテーブルマナーを学ぶ実習）にも参加しました。

❸ **省略**

4. ガクチカ（学生時代に学業以外で頑張ったこと）(학생시절에 학업이외에 열심히 한 것)

▶ あなたが大学時代、**学業以外で　力を入れたこと　/　頑張ったこと**　は何ですか？
(당신이 대학시절에 **학업이외에 힘을 쏟았던 것 / 열심히 한 것은** 무엇입니까?)

- **学業以外**　⇒ **サークル**、ボランティア、**アルバイト**経験
  大学時代を通して**目標をもって取り組んできたこと**
- **何を見る？**　⇒ あなたの　**考え(意志、思い、理由)・行動・努力**
  経験を通して**学んだこと・得たこと・身につけたこと**
- **학업이외**　⇒ **동아리활동**, 봉사활동, **아르바이트** 경험
  대학시절에 **목표를 가지고 노력해 온 것**
- **무엇을 보는가?**　⇒ 당신의 **생각(의지, 마음, 이유)・행동・노력**
  경험을 통해서 **배운 것・얻은 것・습득한 것**

もちろん海外経験や大会出場など特別な経験はインパクトがあります。しかし、**特別な経験がなくても大丈夫**です。重要なことは、その経験の中で、**「どのように考えて、どう行動して、どんな学びや成長があったのか」**ということを、しっかり示すことです。

(물론 해외경험이나 대회출전 등 특별한 경험은 임팩트가 있습니다. 그러나, 특별한 경험이 없어도 괜찮습니다. 중요한 것은, 그 경험 중에서, **「어떻게 생각하고 어떻게 행동하고 어떤 것을 배우고 성장했는가」**라는 것을 제대로 나타내는 것입니다.)

▶ **ある経験の中で「大変だけど乗り越えた」というストーリーの作り方**
(어떤 경험 안에서 「힘들지만 극복했다」라는 스토리 작성법)

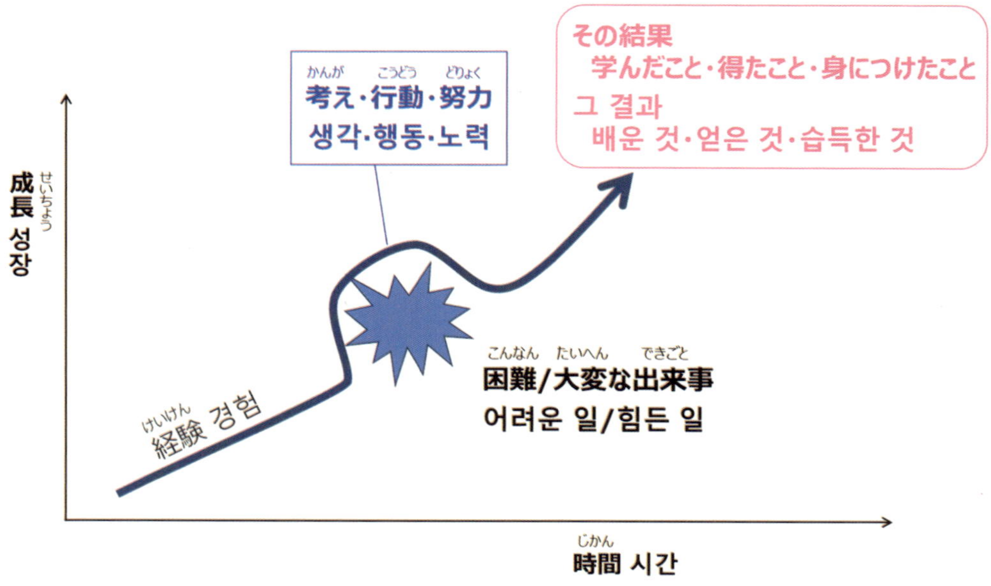

- **先輩の例 <IT 企業内定、日本語専攻>・・・サークル活動**
  (선배의 예 〈IT 기업 내정, 일본어전공〉・・・동아리 활동)

学業以外で学生時代に力を注いだこと

❶ 私は大学の「野球サークル」での活動に力を注いできました。

❷ 初めは校内の大会に出るメンバーが足りないと、友人からの頼みで始めましたが、1つずつしっかりアウトを取ったり、皆のヒットが繋いで得点する野球ならではのチームプレーが魅力的に感じ、入部を決めました。しかし、野球のルールも知らない上、途中から入部したため、最初の半年間は大学リーグの試合にも出られず、なかなかサークルに馴染めませんでした。そこで、早くサークルに馴染み、チームの一員になりたいと思い、そのための工夫をしました。まず、ルールを知るためにプロ野球の動画を観て勉強をし、また身長とスピードを生かし、外野守備を猛練習しました。さらに、飲み会や合宿など、全てのサークル活動に参加するようにしました。その結果、徐々に周りから認められるようになり、サークルもまた社会経験の一つだと実感しました。

❸ このような経験は、普段は受け身の自分を大きく変え、主体的に行動をするきっかけになり、自分の努力次第で周りは十分変わることがわかりました。

❶ 「野球サークル」での活動
❷ **入部理由、そこでの困難、具体的な努力、結果**
❸ **自分の変化、学び**

❶ 「야구동아리」에서의 활동
❷ **입부이유, 그곳에서의 곤란, 구체적인 노력, 결과**
❸ **자신의 변화, 배운 것**

・ **先輩の例　<IT 企業内定、日本語専攻>・・・アルバイト経験**
(선배의 예 〈IT 기업 내정, 일본어전공〉・・・아르바이트 경험)

学業以外で学生時代に力を注いだこと

❶ ●日本（東京）で約１年間働いた焼肉屋のアルバイト
●この経験から得たこと：問題認識力と協調性

❷「私が働いた焼肉屋は店の外まで行列が続く、人気の店で、大勢のお客様に対応するために、あらゆる仕事を柔軟に行う必要がありました。しかし、私は日本語に自信がなく、慣れないアルバイトだったこともあり最初は皿洗いしかできず、そのせいで仲間たちが倍働く必要があることに気付きました。そこで、「今の自分にできることを考え、それに集中しよう」と決めました。例えば、店先に得意先の食材が届けば一番早く動き、仲間の倍の食材を持って屋上まで運びました。また、外国人のお客様の対応に困っている仲間がいれば、進んで英語で接客を行い、仲間のためにできることを考え、行動に移しました。さらに、日本語スキルを向上させたいと思い、休憩中は屋上で接客マニュアルを口に出して練習をしたり、メニューを全て覚えられるように家で書いたり、言語交換のアプリで日本人と電話をしたりして自分の腕を磨きました。その結果、一人でも接客や予約・問い合わせの電話に対応できるようになり、積極的な勤務態度が認められ、店長からマネージャー役を任されるほどの信頼を得ることができました。」「この経験から、自分の問題点を認識し、組織のために自分にできることを考え動くことで、より良いチームワークが生まれることを学びました。」❸

❶ アルバイト経験、得たこと
❷ 仕事の説明、困難、具体的な努力（考え・行動）、結果
❸ まとめ

❶ 아르바이트 경험, 얻은 것
❷ 업무 설명, 곤란, 구체적인 노력(생각・행동), 결과
❸ 요약

- **先輩の例 <ホテル内定、日本語専攻>・・・アルバイト経験**

(선배의 예 〈호텔 내정, 일본어전공〉・・・아르바이트 경험)

学業以外で学生時代に力を注いだこと

❶ 学生時代に力を注いだことは、約２年続けたビュッフェ形式の寿司屋でのアルバイトです。特に私は「お客様へ思いやり」を持つことに注力しました。❷「例えば、私がまだ新人の頃、お客様が困った様子でウェットティッシュで服を拭いていました。お醤油がかかってしまったようで、それを見つけた私は、すぐにキッチンへ行き染み抜きできる洗剤とふきんを探し、お客様へお渡ししました。お客様からは「気づいてくれてありがとう、すごく助かった」と感謝の言葉をもらいました。私は、お客様を自分の家族と同じように考え、大切なお客様のために私ができることをしただけですが、そのことで感謝の言葉をもらい、「思いやりとは難しいことではなく小さな関心」であることに気づきました。そして、嬉しそうな顔のお客様を見て、私自身もやりがいを感じました。」「このような経験から、ただ任された仕事をこなすだけではなく、関心を持ってお客様と接することで、これからも心を込めた満足のできるサービスを提供していきたいと思います。」❸

❶ **アルバイト** ・・・ お客様への思いやり
❷ **具体的な努力・エピソード**、気づき、やりがい
❸ **今後の抱負**

❶ **아르바이트**・・・손님에 대한 배려
❷ **구체적인 노력・에피소드**, 깨달은 것, 보람
❸ **앞으로의 포부**

- **先輩の例　＜総合職内定、日本語専攻＞・・・目標をもって取り組んできたこと**

(선배의 예 〈종합직 내정, 일본어전공〉・・・목표를 가지고 노력해 온 것)

学業以外で学生時代に力を注いだこと

❶ 私は「人と積極的にコミュニケーションを取ること」に力を注ぎました。なぜなら大学入学後、外国人が多い環境で、国籍や文化背景が違う相手ともよりよい関係を築きたいと考えたからです。

❷「例えば、日本留学中、様々な国の学生たちと学生生活を送りましたが、ただ挨拶をするだけでなく、自分から会話をしたり、互いの文化について話したり、意見や考え、悩みを聞くようにしました。これにより相手を深く知り、相手をさらに理解することができました。そしてこのような働きかけが、相手への思いやりを生むことに気づきました。また留学後、英語力向上の為に、3ヵ月の長期アメリカ旅行に行きましたが、そこでも積極的に人と接する中で、語学以外の学びがありました。例えば、母国語以外の言語を話せることを素直に評価してもらい、自信を持って英語を話すきっかけになりましたが、このやり取りを通して、自分にない能力を素直に評価し相手を尊重する考え方を学びました。」「このように、人と積極的にコミュニケーションを取ることで、自分にない考えや発想に気づき、それが視野の拡大や成長につながると身をもって学んできました。これからもこの様な姿勢でより多くのものを学び、自分の成長につなげたいです。」❸

❶ **人と積極的にコミュニケーションを取ること＋力を注いだ理由**
❷ **具体的な例（努力＋気づき・学び）**
❸ **経験のまとめ、今後の抱負（今後どうしたいか）**

例は、たくさんあった方がいいか？

❶ **다른사람과 적극적으로 커뮤니케이션을 함+힘을 쏟은 이유**
❷ **구체적인 예 (노력 + 깨달음・배움)**
❸ **경험의 요약, 앞으로의 포부 (앞으로 어떻게 하고 싶은가)**

예시는, 많은 편이 좋은가?

Tips

結論(主張)を証明するための例(経験談、エピソード)は、１つの例を挙げて、そのときの具体的な努力や行動をしっかり書く方が効果的。

(결론(주장)을 증명하기 위한 예(경험담, 에피소드) 하나를 들어서, 그 때의 구체적인 노력이나 행동을 제대로 쓰는 것이 효과적.)

・先輩の例 <IT 企業内定、日本語専攻>・・・目標をもって取り組んできたこと

(선배의 예 〈IT 기업 내정, 일본어전공〉・・・목표를 가지고 노력해 온 것)

学業以外で学生時代に力を注いだこと

❶・消極的な自分の改革

❷「大学２年が終わって、いろいろな経験を通し、消極的な性格を改善したいと思い、契約職の形で様々な仕事をしました。その中で、おでん屋の販促職員の経験は、小心者の私に大きな影響を与えました。今までは、消極的だということを言い訳に誰かが仕事を教えてくれるまで待ったり、誰でもできる簡単な仕事だけしました。しかし、忙しい店内でお客様に対応をするために、主体的に動く必要性を感じ、自ら進んでお客様に説明したり、陳列する間におでんの説明を覚えたりしながら業務に慣れていきました。また、最初は仕事に慣れていない状態で、自分から仕事をしていくことに恐れや恥ずかしさを感じ、拒否感がとてもありました。しかし、一緒に働く人たちに迷惑をかけたくないと思い、すぐにはできない仕事でも暇なときにマネージャーにやり方を聞きながら、自分ができることを増やしていきました。その過程で、何かを尋ねることは恥ずかしいことではないと気づき、消極的な自分を変えるきっかけになりました。その結果、私の消極的な姿を叱っていたマネージャーが、３ヶ月後には契約延長を進めるほど主体的に仕事ができるようになっていました。」「この時の経験はとても大変でしたが、私の短所を改善するいい機会になり、これからの仕事でも自分から動いていく力になると思っています。」❸

❶ 自分の改革
❷ 様々な**契約職の仕事、そこでの困難、具体的な努力、結果**
❸ **まとめ**

❶ 자기개혁
❷ 여러가지 계약직의 일, 거기에서의 곤란, 구체적인 노력, 결과
❸ 요약

5. 自己 PR、長所（と短所）(자기 PR, 장점)

- あなたの **長所/いい所/強み** は何ですか？
- あなたの **自己 PR** をお願いします。

- 당신의 **장점/좋은 점/강점**은 무엇입니까?
- 당신의 **자기 PR** 을 해보십시오.

▶ **主張** ＋ それを表す **エピソード・過去の経験**

- 私の **長所/いい所/強み** は・・・です。
- 私は ・・・(することが)**できます**。

▶ **주장** + 그것을 뒷받침할 **에피소드・과거의 경험**

- 저의 **장점/좋은 점/강점**은・・・입니다.
- 저는 … (하는 것이) **가능합니다.**

● **自己 PR の例** (자기 PR 의 예)

❶ 私は向上心が強く、最後まで責任を持ってやり遂げることができます。

❷ 日本留学中、ファッションブランド「ZARA」でアルバイトをしましたが、業務内容が幅広く、最初は仕事に慣れず苦労をしました。しかし、そこで諦めず「自分がここでできる事は何か」を考え、一番自信があった接客に力を入れました。そこで来店してくださった全てのお客様に笑顔で声をかけ、店舗の売上を常に念頭に置き、積極的にお客様に働きかけた結果、店内ベストセールスに選ばれました。そして、その店舗で初めての外国人セッションリーダーに指名されるまでになりました。

> **具体的とは？**
> **구체적으로는?**
> **努力・行動・考え**
> 노력・행동・생각
> **結果・学び・成長**
> 결과・배운 것・성장

❸ このように粘り強く、高い目標を持って最後までやり遂げることで貴社でも結果を出していきたいと思っております。

❶ 質問に対する**こたえ、結論**（**自分の主張**）(질문에 대한 **대답, 결론**(**자신의 주장**))

❷ 自分の主張を **具体的**な「**例・経験談**」で証明 (자신의 주장을 **구체적**인 「**예・경험담**」으로 증명)

❸ 自分の主張をもとに **まとめ（今後のほうふ）** (자신의 주장을 바탕으로 **요약(앞으로의 포부)**)

- **長所を表すキーワード** (장점을 나타내는 키워드)

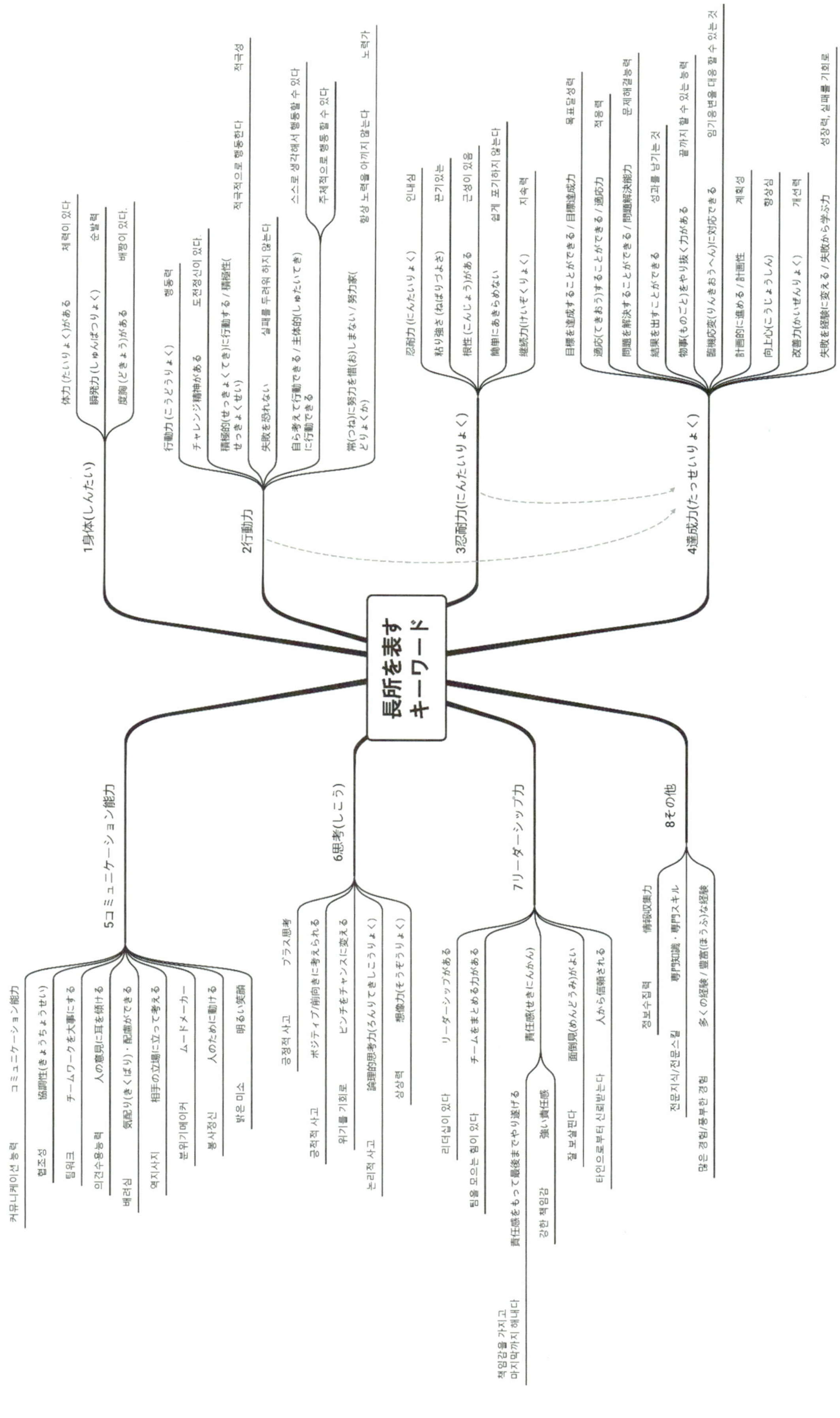

これでは自己 PR にはならない！！

- **与えられた仕事は責任をもって最後までやり遂げることができます。** ※ これは社会に出たら当たり前のこと
- **自分が一度やると決めたことは最後までやり遂げます。** ※「決めたことを最後までやる」のは、特別な能力ではない
- **約束を必ず守ります／時間を守ります。** ※ これは社会人としての常識

이것으로는 자기 PR 이 안된다!!

- **주어진 업무는 책임감을 가지고 끝까지 해낼 수 있습니다.** ※ 이것은 사회에 나가면 당연한 일
- **자신이 한 번 결심한 일은 끝까지 해냅니다.** ※「결심한 일을 끝까지 해내는 것」은 특별한 능력이 아니다
- **약속은 반드시 지킵니다. /시간을 지킵니다.** ※ 이것은 사회인으로서의 상식

Point

人と差をつけるには (다른 사람과 차별화하려면?)

自分の特徴をよく表す、表現を考える

※ 他の人との**違い**、自分の**行動特性**を**具体的に書く➡その人らしい**

본인의 특징을 잘 나타내는, 표현을 생각한다.

※ 타인과의 **차이점**, 본인의 **행동특성**을**구체적으로 적는다 ➡ 그사람다움**

例 1 自分なりの行動特性 ☞ **具体的な表現**にする (자기나름의 행동특성 ☞ 구체적으로 표현하기)

・困難な問題に対し、自ら進んでアプローチすることで目標を達成できます

例えば、大学院での研究活動において、私は全く新しい分野でゼロからのスタートでしたが、経験と知識不足にもかかわらず、研究報告会で自己の成果を認めてもらうという目標を達成することができました。これは、装置や実験操作でわからないことがあれば、積極的に指導をお願いし、また自ら論文や参考書で答えを探るよう行動したことが実を結ばせたと考えています。周囲からは「なかなかやるヤツ」と評価をうけ、その喜びは、それまでの苦労を忘れさせてくれました。私はこれからもこの姿勢を実践し、どのフィールドにおいても成果を出していきたいと思います。 (約 300 字)

例 2 自分なりの行動特性 ☞ **具体的な表現**にする (자기나름의 행동특성 ☞ 구체적으로 표현하기)

・長所：目的のために行動を起こし、飛び込む力

5 年前、日本へ旅行に行った際、日本の景色や雰囲気に惹かれ、日本に住みたいと思うようになりました。そこで、日本就職で有名な大学の日本語学科に編入しました。しかし、編入生であったため、日本語の実力が足りないことを実感しました。そのため、1 学期が終わってすぐに、日本語の勉強と、就職前に実際の日本の生活を体験したいと思い、「ワーキングホリデーで東京に行って 1 年間、働く」という行動を起こしました。最初は言葉の壁に苦労しましたが、アルバイト時間以外には日本語能力試験 N2 の勉強をし、わからないことは職場の同僚（日本人）に聞き、たくさん話を交わす努力をしました。その結果、日本語能力試験 N2 に合格し、日本人の友達もでき、日本での生活を通して、一人でも生きていける自信がつきました。帰国後、日本での就職を目指す決意をし、日本就職に関する情報収集をして、韓国の国家支援プログラム K-Move「海外就職専門家養成課程」に合格し、現在、実務スキル・語学（日本語、英語）・日本や日本企業に関する知識の習得をしています。このように、「考えるだけでやらないより、一回失敗してもやる方がいい」という考えで、将来を恐れず、新しいこと・大変なことに挑戦することで、高いレベルの目標を達成していこうと思います。 (約 550 字)

例 3

長所：「周囲を気遣い、行動できる」

いつも周りの人に関心を持ち、何か困っていることや自分がサポートできるようなことがあれば、積極的に助けようとします。なぜなら、自分だったらしてほしいことを考えると体が動きますし、何より、喜ぶ姿や感謝の言葉からとてもやりがいを感じるからです。

例えば、日本に留学中、同じ交換留学生の後輩から「アルバイト先まで行く途中に財布をなくした」と夜中に連絡がきたことがあります。それを聞いたとたん、近所の交番に寄り、落とし物の届けをしました。また、部屋の鍵を開けるに必要なカードキーも入っていると聞き、後輩に代わって不動産屋の緊急サービスセンターに電話を入れ、ロック解除の申請をしておきました。幸いに翌日、交番から誰かに預けられたという連絡があり、財布は無事に戻りました。その時は、まるで自分のことのように安心しました。

しかし、私の行動がいい結果に繋がることもあれば、相手が求める結果と違う形になることもあると気づき、行動に移す前に相手の意見を交わすようにしています。今後、会社に入っても、職場やお客様への気遣いとコミュニケーションで周りの力になりたいと思っています。

Tips

長所は時には短所にもなる・・・それを知った上で、気をつけていること・対策を書くと好印象

(장점이 때로는 단점이 되기도 한다 … 그것을 인지하고 조심하고 있는 것・해결책을 적으면 좋은 인상을 줄 수 있다.)

例 4

私の長所は「チャレンジ精神」です。いつもの慣れていることより、経験できなかった新しいことに挑戦することを楽しみにしています。

幼い頃は、新しいことへの不安や怖さを持っていましたが、大学に入学し、マレーシア旅行をしたことでその考えが変わりました。その時、パラセーリングで空を飛べる機会がありました。怖かったですが、せっかくの機会だからしようと思い、チャレンジしました。すると、空から見える海はとってもきれいで、チャレンジして良かったと思いました。それをきっかけに、今まで知らなかったこと、やったことのないことに試みることに不安がなくなり、むしろトライすることを楽しめるようになりました。

日常生活以外の仕事の場でも、例えば、慣れてない仕事から目を逸らすではなく、積極的にぶつかって、できるまで努力することで自分の成長にもつながります。私は社会に出ても、自信をもって、積極的に挑戦することを楽しみながら、新しいことを学び続けていきたいと思います。

例 5

長所
❶ 私の長所は、チャレンジ精神が強いところです。
❷「2 年前の私は、日本語がほとんど話せませんでしたが、「日本語が上手になりたい」「日本をもっと知りたい」という思いから、「ワーキングホリデーで 1 年間、日本で働く」ということにチャレンジしました。最初は言葉も通じず、友達もいなかったため、職場でも生活面でも大変でした。しかし、理解できない文章はメモを取って調べ、毎日、勤務後の夜の時間を活用して日本語の語彙や文法の勉強することで日本語力の向上を図りました。また、積極的に日本人と交流することでコミュニケーションの輪を広げ、日本語だけでなく日々の不安も解消できるよう、努力しました。その結果、最終的には日本語能力も向上し、日本でも自立した生活を送ることができるようになりました。日本に行くという決断は勇気のいることでしたが、挑戦することで、自分に自信がつき、自分の可能性が広がっていくことを実感しました。」❸「このように、楽な道を選ぶより、新しいこと・大変なことにチャレンジすることで、これからも自分自身を成長させていきたいと思います。」

短所
短所は集中しすぎると、時々周囲に気を配れなくなるところです。そのため、集中しているときでも周囲の状況に耳を傾けるよう意識し、取り組んでいます。

集中しすぎる ⇒ 気を配れない
너무 집중 ⇒ 주의를 기울이지 못함
努力：耳を傾ける
노력: 귀를 기울인다

❶ **チャレンジ精神**
❷ **具体的なエピソード、努力や気づき**
❸ **今後の抱負**

❶ 도전 정신
❷ 구체적인 에피소드, 노력이나 깨달은 점
❸ 앞으로의 포부

Tips

短所(たんしょ)を書くときは、それに対する対策(たいさく)・努力・心がけなどを必ず書く
(단점을 쓸 때는 그에 대한 대책・노력・신경쓰는 점 등을 반드시 함께 쓴다.)

▸ 問題点を考えよう (문제점을 생각해보자)

• **Aさんの回答例** (A씨의 회답 예)

私の長所は、明るく活発的なところ[1] であり、自分に自信を持っています[2]。
この自信は今までの経験と自分の能力に基づいた[3] ものであり、私は思慮深いと同時に協調性と柔軟性と計画性も備えている[4] と自負しています。
今まで学んできた知識と経験を生かし[5]、きっと貴社に役立てると思っています。

1 :

2 :

3 :

4 :

5 :

▶ 改善の Step

- Step1 ☞ 長所の再検討（仕事に生かせる長所？魅力的な長所？）
- Step2 ☞ 根拠となる具体的なエピソード（より分かりやすく長所を表すエピソードは？）
- Step3 ☞ その長所をどう生かしたいか

▶ 개선의 스텝

- Step1 ☞ 장점의 재검토 (업무에 활용가능한 장점? 매력적인 장점인가?)
- Step2 ☞ 근거가 되는 구체적인 에피소드 (알기 쉽게 장점을 나타낼 에피소드는?)
- Step3 ☞ 그 장점을 어떻게 살리고 싶은가?

- **先輩の改善例（IT 企業内定、ビジネス日本語 専攻）**

(선배의 개선 예 (IT 기업 내정, 비즈니스일본어 전공))

私の長所は、「明るく前向きな性格」です。

この長所のおかげで、どこに行っても年齢に関わらず誰とでも仲良くなることができ、そこから楽しい雰囲気と人間関係を作っていきます。例えば、大学３年生の冬休みに西日本鉄道バスターミナルでインターンシップ（２週間）をしたことがあります。現場では、明るい笑顔で挨拶と感謝の言葉をしっかり伝えることで、乗務員の皆さんはもちろん、所長や主任など上の方々とも親しくなり、明るい雰囲気の中で様々なことを詳しく教えてもらいました。また、お客様を案内するときも、接客の日本語や誘導の仕方など、上手くできないこともありましたが、「できない時こそ自分の為になる」と考え、常に笑顔と親しい態度で対応を続け、現場の役に立つことができました。

このように、社会に出ても新しい環境や初対面の人とも良い人間関係を築き、前向きに努力していきたいと思います。

6. 日本で働きたい理由 (일본에서 일하고 싶다고 생각한 이유)

なぜ日本で働きたいと思ったのですか？　日本で就職したい理由について教えてください。
(왜 일본에서 일하고 싶다고 생각했습니까?　일본에 취업하고 싶은 이유에 대해 생각해봅시다.)

> **考えるポイント** ⇒ なぜ**海外**？　その中でなぜ**日本**？　なぜ**日本企業**？
> なぜその**業界・職種**？なぜ**日本のその業界・職種**？なぜ**日本の社会・環境**？
> **何を見る？** ⇒ **本気度**　・・・　**長く(ちゃんと)働く気があるか/働けそうか**
>
> **고려할 포인트** ⇒ 왜 **해외**인가? 그 중에서도 왜 **일본**인가? 왜 **일본 기업**인가?
> 왜 그 **업계・직종?** 왜 **일본의 그 산업・직종?** 왜 **일본의 사회・환경**인가?
> **무엇을 보는가?** ⇒ **진지함　・・・　오래 일할 의지가 있는지/일할 수 있을 것인지**

▶ 考えるポイント (생각하는 포인트)

- **視点** (관점)

「なぜ **日本** で働きたいと思ったのですか？」 ← 志望動機の一つ

韓国ではなく
なぜ 海外？

IT、ホテル、、、など
なぜ その業界・職種？

なぜ 日本？
- なぜ 日本の**会社**？
- なぜ 日本のその**業界・職種**？
- なぜ 日本の**社会**、**環境**で働きたいの？

☞ まずは、**思いつく理由を自己分析 MindMap に書き出す** ⇒ **整理**（1～3つにまとめて、選んで書く）

「왜 **일본**에서 일하고 싶다고 생각했습니까?」 ← 지망동기의 하나

한국이 아닌
왜 해외?

IT, 호텔...등등
왜 그 업계・직종?

왜 일본?
- 왜 일본의 **회사**?
- 왜 일본의 그 **업계・직종**?
- 왜 일본의 **사회, 환경**에서 일하고 싶은지?

☞ 우선은, **생각나는 이유를 자기분석 MindMap에 적어 본다.** ⇒ **정리** (1~3개로 모아서, 골라서 적는다.)

- **整理(せいり)の流(なが)れ** (정리하는 흐름)

最終的(さいしゅうてき)に、「**日本で就職しようと決心(けっしん)するに至(いた)った理由**」を考える。

(최종적으로 「**일본에서 취업하려고 결심하게 된 이유**」를 생각한다.)

❶ まずは、**「きっかけ」を探(さが)す** ※ 日本の文化(アニメ、和食(わしょく)、和風(わふう)が好き)、日本語専攻、旅行など
(우선은 **「계기」를 찾는다** ※ 일본 문화(애니메이션, 일식, 일본풍을 좋아한다), 일본어 전공, 여행 등)

↓

❷ 次に、きっかけをもとにして、**「やってみて感じたこと(見たり、聞いたり、調べたり、何かをやったり)」を考える。**
(다음으로 계기를 바탕으로 「**해보고 느낀 것(보거나, 듣거나, 알아 보거나, 무엇인가를 하거나)」을 생각한다.**)

※ 日本の会社・IT 業界・社会(制度(せいど)、特徴(とくちょう))について
(※ 일본 회사・IT 기업・사회(제도, 특징)에 대해서)

※ 留学、旅行の経験、日本人と接(せっ)した経験、日本でのアルバイトやインターンシップの経験から
(※ 유학, 여행 경험, 일본인과 만난 경험, 일본에서 아르바이트나 인턴십을 한 경험에서)

❸ そして、**「自分の将来(しょうらい)、目標(もくひょう)・夢(ゆめ)、人生(じんせい)(なりたい人、やりたいこと)」を考える。**
(그리고 「**자신의 장래, 목표・꿈, 인생(되고 싶은 사람, 하고 싶은 것)」을 생각한다.**)

❷❸を考えながら、自分にとっての**日本で働くことの利点(りてん)や意味**を探(さが)し、
日本で就職しようと決心(けっしん)するに至(いた)った理由を整理(せいり)していく。

(❷❸을 생각해서, 자신에게 있어서 **일본에서 일하는 것에 대한 이점과 의미**를 찾아,
일본취업을 하려고 결심하게 된 이유를 정리해 나간다.)

• **先輩の例** **＜IT 企業内定、日本語専攻＞**
(선배의 예 〈IT 기업 내정, 일본어전공〉)

日本で仕事をしたいと思う理由

私が日本で働きたい理由は2つあります。

一つ目は、日本人の「仕事に向き合う姿勢」と「顧客目線のサービス」に感銘を受けたからです。私は、1年間、日本で生活し働いたことがあります。そこで、日本人のお客様を一番に考えたサービスや仕事の進め方、また自分の業務を、責任を持って行い、さらに良いものを追及しようという姿勢は、外国人である私には驚きでした。しかし、自分も同じように働いてみると、そこに大きなやりがいを感じ、将来も続けて日本で働きたいと強く思うようになりました。

二つ目は、日本で働くことは「日本語専攻者である私の目標」だからです。大学の授業や日本でのワーキングホリデーを通じ、これまで日本語、日本文化、日本について学んできました。それを大いに生かすことができる日本での就職は、私の最大の目標です。私は、日本の会社に就職することで、今まで蓄えてきた知識・経験を最大限に生かし、そして日本語専攻として注いできたこれまでの努力を、今度は仕事の中に注ぎ込んでいきたいと思います。

• **先輩の例** **＜IT 企業内定、日本語専攻＞**
(선배의 예 〈IT 기업 내정, 일본어전공〉)

日本で仕事をしたいと思う理由

・社員と共に成長する日本の企業文化

私は専攻で「日本語」を学びながら日本文化と企業文化について学びました。その中で、日本企業の社員育成制度が気になり、自ら調べてみました。そして、企業のホームページを見たり、説明会に参加しながら気づいたことはほとんどの日本企業が社員の研修制度とキャリアマップを提示していることでした。単純な入社後の研修課程ではなく、3年後から長くは10年後の社員のキャリアを提示することは途切れることのない成長に繋がり、それらを元に会社も成長して行く理想的な環境だと思いました。そのような日本という環境、その中でもIT業界は私の「今まで学んできた技術をさらに磨き上げて社会で活躍する人になりたい」という価値観と同じであると思いました。

・私の夢、目標

私は会社に入社し、そこで得るさまざまなスキルを絶えず発展させ、最終的に誰かの役に立つ人になりたいです。そして、日本の常に技術を磨き続ける環境で働き、そこで身につけた技術をもとに、変わり続ける業界の流れを追って企業に役に立つ人、さらに社会に役に立つ人になりたいです。そして、最終的に幅広い知識及び技術を備えた「IT ジェネラリスト」になることが夢です。

Tips1 自分の**経験、やってきたこと**から**感じたこと・きっかけ**を考える
(자신의 **경험, 해온 일**에서 **느낀 점·동기**를 생각해본다.)

Tips2 自分の**目指すもの、キャリア、どうなりたいか**を考える
(자신이 **목표로 하는 것, 커리어, 어떻게 되고 싶은가**에 대해 생각해본다.)

• **先輩の例** **<IT 企業内定、日本語専攻>**
(선배의 예 〈IT 기업 내정, 일본어전공〉)

日本で仕事をしたいと思う理由

一つ目、日本の会社のシステムや考え方に自分の将来の可能性を感じられる

日本ではすでに持っている技術やスペックというよりも将来性を見てもらえます。日本の会社のホームページを読み、説明会に参加して知ったことは、日本の会社は会社の理念や事業内容に合わせて研修や教育制度があり、新入社員に対しても育成カリキュラムが充実しているということです。私は自分の価値観に合う会社の理念と事業内容に合わせて、成長の機会が多い環境で自分のスキルアップを図り、自分自身の可能性を広げたいと考えました。

二つ目、専攻を活かしたい

幼い頃から日本を旅行しながら感じた文化や礼儀正しい国民性に惹かれ、高校生の時に自分が好きな日本で働きたいという目標ができ、日本語を専攻できる大学に進学しました。大学では日本語や IT の授業を受け、特に JAVA には大いに興味を持ちました。そこでのアプリケーション作成の経験を通じて、JAVA を活用して人々に役に立つアプリケーションを開発したいという目標ができ、JAVA を一生懸命に勉強してきました。そのため、私の技術と日本語能力を同時に発揮したいです。日本はこれができる最適の場所です。私はその日本で自分の能力を生かし、さらに成長させながらシステムエンジニアのキャリアを築きたいです。

• **先輩の例** **<IT 企業内定、日本語 IT 非専攻>**
(선배의 예 〈IT 기업 내정, 일본어 IT 비전공〉)

日本で仕事をしたいと思う理由

私が日本で働きたいと思う理由は、二つあります。

一つ目は、日本の会社は長期の雇用を前提に採用をし、安心して仕事に取り組めるからです。

日本の場合、就職は正規雇用を前提としています。日本で正社員として採用されれば、会社への愛情と所属感を基に業務に集中することができ、効率的な業務遂行が可能になると考えました。長く勤めれば会社の成長と共に私自身も成長でき、自分の価値も高めることができると思いました。

二つ目は、新しい世界を経験して、自分の価値観や人生観を広げたいからです。

私は今まで、出身地の釜山だけで過ごしてきました。しかし、警察官の受験勉強をしながら、多様な経験をしてこなかったことに対する後悔が押し寄せてきました。その後悔をなくすために、その時からチャレンジする機会があれば新しい地域や国で挑戦したいと考えるようになりました。日本は治安が良く安心して生活でき、文化的にも韓国と共通する要素があり、両親も賛成してくれました。私は自分の価値観や考えの幅を広げ、成長できる国、日本で生活し働きたいと思っています。

- **先輩の例 ＜IT 企業内定、日本語専攻（IT 未経験）＞**

(선배의 예 〈IT 기업 내정, 일본어전공 (IT 미경험)〉)

日本で仕事をしたいと思う理由

●「IT 未経験者にも与えられる環境」が整っているため

今年の４月から、「青海進大学」という大学の日本 IT 分野の就職研修があるのを知り、そこに入るため、日本の IT 企業の分析をしました。そこで、企業の 教育システム（社員研修、自己啓発支援制度など）を知り、そのような環境で、チャレンジしたいと思いました。

私は IT の未経験者です。しかし、プログラミングをしながら何もないところから何かを作り出し、エラーが発生しても解決策を工夫し、再び挑戦することで必ず成果を得られるという点に大きな魅力を感じました。また、私は努力した分だけ目に見える成果が出るように努力するタイプです。この就職研修プログラムで基礎的な IT の授業を受けながら、プログラミングでエラーが起こり、その修正の過程で自己の成長を感じ、それがやりがいになると思いました。

そのため、自分がどのような状態であっても、研修や業務を通して専門性を持ち、働くことができる日本でさらに成長し、その成長に対して成果として報いる人材になりたいと思っています。

- **先輩の例 ＜IT 企業内定、日本語専攻（IT 未経験）＞**

(선배의 예 〈IT 기업 내정, 일본어전공 (IT 미경험)〉)

日本で仕事をしたいと思う理由

・日本で仕事をしたいと思う、三つの理由

一つ目は、人生の目標を叶えたいからです。中学 2 年生の時、私は日本の文化に初めて接し、日本に興味を持つようになり、言語や文化、歴史などを勉強し、日本の文化の奥深さを知りました。そこで、私は将来、日本語能力を活かして日本で働きたい、日本に住みたいと思い ました。

二つ目は、幸せな家庭を作りたいからです。日本人の彼女とお付き合いしており、将来の話もしています。その人を大切にし、幸せにしたいと思い、そのためにも日本に就職し、家庭を築き、定着したいと思っております。

三つ目は、従業員を家族のように思い、運命共同体のように接する日本企業の風土、文化が好きだからです。私は人と触れ合い、交流することが好きで、このような価値観を大切に考える環境で働きたいと思っていました。また、日本の企業はその人の本質（長所、得意な部分など）と全般的なものを見てくれようとしてくれる所に、良さを感じました。

以上の三つの理由で、私は日本に就職したいと思っております。

- **先輩の例 ＜販売・店舗管理内定、日本語専攻＞**

(선배의 예 〈판매・점포관리 내정, 일본어전공〉)

日本で仕事をしたいと思う理由

1. 今まで学んできたことを実践で活かし、さらに磨きをかけることで上を目指したい

専攻である日本語とサービス業での接客経験をもとに、現場での経験を積みながら自分のビジネスマナーや接客に磨きをかけたいです。大学では日本語や日本の相手を思いやるビジネスマナーなどを学んできましたが、これらを実際に使いながら自信をつけ、お客様に喜びと安心を与えられる人材になりたいです。

2. 日本と韓国のマーケティングの違いを知り、海外営業へ役立てたい

日本には、韓国の様々な企業が進出しています。商品を売る時、重要とするポイントが国によって違います。その答えは、生活文化にあるのではないかと思います。私は商品販売やマーケティングに興味があります。そこで、日本で生活しながら日本人の生活様式を身に付け、外国人の立場から意識や文化の違いを分析し、海外営業に役立てることで会社の売上向上に貢献したいです。

7. 趣味(しゅみ)・特技(とくぎ) (취미・특기)

趣味(しゅみ)・特技(とくぎ)も自分を表わす大切(たいせつ)な要素(ようそ)です。

▶ 箇条書(かじょうが)きで、趣味・特技の両方(りょうほう)を書く

▶ 「一言 (　　)」で簡単な説明

취미・특기도 자신을 나타내는 중요한 요소입니다.

▶ 개조식으로 취미・특기 양쪽을 적는다.

▶ 「한마디 (　　)」로 간단하게 설명

- **自分はどう表現するか？**
- **業界、職種、仕事**に関連のあるもの
- **自分の特徴**

- **자신을 어떻게 표현할 것인가?**
- **업계, 직종, 업무**에 관련된 것
- **자신의 특징**

• 先輩の例 (선배의 예)

- ホテル (호텔)

趣味・特技 (취미・특기)

- 趣味：ヨガ（姿勢矯正とダイエットのため週３回程度しています。）
- 特技：人の名前や顔を覚えること（もともと人を観察することが好きで、アルバイト先でも常連客の特徴に良く気づき覚えているので、接客にも役に立っています。）

趣味・特技 (취미・특기)

- 趣味：写真を撮る(時間を作って、色々なところに行って写真を撮ることが好きです。)
- 特技：分類や整理(授業の内容を見やすくノートに整理することが得意です)

- レストラン (레스토랑)

趣味・特技 (취미・특기)

- 趣味：大河ドラマ鑑賞(日本の歴史に興味があり、日本語の勉強も兼ねて毎週観ています。)
- 特技：料理(得意料理は韓国料理ですが、最近は和食にも挑戦しています。)

- 総合職 (종합직)

趣味・特技 (취미・특기)

- 趣味：日本のテレビ視聴(特に日本と世界を取り上げた番組を見るのが好きです。)
- 特技：ランニング(瞬発力、持久力を鍛えています。)

趣味・特技 (취미・특기)

- 趣味：海外ドラマ鑑賞（毎日、寝る前に1～2編の日本・アメリカ・中国のドラマを見ていますが、これが驚くほどの聴解力アップにつながりました。）
- 特技：ジグソーパズル（集中力がつき、想像力アップに役に立ちます。）

- **IT 企業** (IT 기업)

趣味・特技 (취미 · 특기)

・趣味：多肉植物の栽培
（特にキューバンオレガノという植物が好きで高校の時からずっと育てています。）

・特技：情報検索（疑問に感じたこと、興味のあることはすぐに調査・検索。検索してより良い情報を見つけることが好きです。）

自分なりの考え
(자기나름의 생각)

趣味・特技 (취미 · 특기)

・趣味：運動（しっかり生きるため、仕事や日常生活を充実させるため）

・特技：料理（自炊の為、自分でも食べますが、友達に作ってあげるのも大好きです。
得意料理は、韓国料理、パスタ、その他諸々）
掃除（掃除が好きで、私がいると気持ちが良い環境が保てると評判です。）

良さを見せる
(장점 보여주기)

趣味・特技 (취미 · 특기)

・趣味：サッカー（心のコミュニケーションを通じてより深い信頼関係を築くことができます。）

・特技：人を笑わせること（笑いを通して人々と良い関係を作っていくことができます。）

経験をもとにした、自分なりの方法
(경험을 바탕으로 한 자신만의 방법)

8. 志望動機（参考）(지원동기 (참고))

「あなたはなぜ当社を志望しましたか？」・・・志望動機

「당신은 왜 우리회사를 지원했습니까?」... 지원동기

▶ 「志望動機」で何を見るか

入社への意欲や熱意、会社・仕事への適応性を見ている。 また、しっかり企業研究をしているかも見ている

(「지원동기」에서 무엇을 보는가?

입사에 대한 의욕, 열정, 회사와 업무에 대한 적응력을 본다. 또한 제대로 기업연구를 하고 있는지도 본다.)

▶ 上手なアピール方法

次のような内容を具体的に書くことで、「入社したい」気持ちをアピールしよう。

1. その**業界・職種・会社**に**興味を持ったきっかけを書く**
2. 自分が思う**その会社の魅力、企業理念やビジョンに共感したことを書く**
3. **自分の強みや能力、資格が会社で生かせることを書く**
4. **やりたい仕事をアピールする**
5. **その会社に訪問した時のことや、インターンシップでの経験を書く**

<説得力のある志望動機>

★「その会社にしかない魅力」

※ 他社との比較

★「実際に働いてみて感じたこと」

※ アルバイト、インターン、実習・研修

<설득력 있는 지원동기>

★「그 회사만이 가진 매력」

※ 타사와의 비교

★「실제로 일해보고 느낀 점」

※ 아르바이트, 인턴십, 실습・연수

▶ 좋은 어필 방법

다음과 같은 내용을 구체적으로 적어서 「입사하고 싶다」라는 마음을 어필해봅시다.

1. 그 **업계・직종・회사**에 **흥미를 가지게 된 계기를 쓴다.**
2. 자신이 생각하는 **그 회사의 매력, 기업이념이나 비전에 대해 공감한 것을 쓴다.**
3. **자신이 가진 강점과 능력, 자격이 회사에서 활용될 수 있음을 쓴다.**
4. **하고 싶은 업무를 어필한다.**
5. **그 회사를 방문했을 때의 일이나 인턴십에서의 경험을 쓴다.**

※ 志望動機を書くためには、その会社の業務内容や企業理念などを調べて企業分析をする必要がある。
会社の HP、パンフレット、**会社説明会**、OB・OG から情報収集 ☞ <参考> **04 企業分析**

※ 지원동기를 쓰기 위해서는 그 회사의 업무내용과 회사이념 등을 조사하여 기업분석을 할 필요가 있음.
회사의 HP, 팜플릿, **회사설명회**, OB・OG 로부터 정보 수집 ☞ 〈참고〉 **04 기업분석**

- **先輩の例** <旅行会社内定、ビジネス日本語 専攻（字数制限 300 字)>

(선배의 예 〈여행사 내정, 비즈니스 일본어 전공 (글자수 제한 300 자)〉)

【① （業界・職種に興味を持ったきっかけ）】
私の父は小さな会社を経営していますが、以前、父が出張地で事故に合ったことがあります。その時、旅行会社に出張の手配を頼んでいましたが、事前の注意、現地でのサポートなどが十分に受けられず、予定していた仕事をキャンセルするなど、業務に支障をきたしてしまいました。そこで私は、BTM 事業は、お客様のビジネスの成功にも関わる重要な仕事であり、また、やりがいのある仕事であると感じ、その仕事に就きたいと思いました。

【② （その会社の魅力 — **他社との比較**）】
貴社では、お客様の安全を大切にし、お客様の状況に合わせたプランを提供しており、そこが他社には無い強みであり、大きな魅力だと思います。

【③ （やりたいこと、まとめ）】
このお客様思いの貴社で、私も自分の力を発揮したいです。

04 企業分析 (기업분석)

1. 企業研究って？ 何のためにするの？(기업연구란? 무엇을 위해 하는 걸까?)

▶ 企業研究の主な目的は２つあります。

- 興味のある業界の中からあなたに**合う企業を見つけるため**
- 企業への**熱意（志望動機）を具体化**するため

▶ 기업연구의 주 목적은 두 개가 있습니다.

- 흥미가 있는 업계 중에서 **당신에게 맞는 기업을 찾기 위해**
- 기업에의 **열의(지망동기)를 구체화**하기 위해

2. 企業研究で見るべきポイントは？(기업연구에서 봐야 할 포인트는?)

❶ 企業の特徴などを調べる (기업 특징 등을 조사하기)

企業情報 **기업정보**	「企業理念」「設立年度」「資本金」「本社・事業所の所在地」など、企業の基本的な情報です。 (「기업이념」「설립연도」「자본금」「본사・사업소의 소재지」 등, 기업의 기본적인 정보입니다.)
事業内容 **사업내용**	扱っている「商品」や「サービス」など、企業がやっているビジネスの中身です。 「BtoB」「BtoC」の違いも含めて、理解しておきましょう。 (취급하고 있는 「상품」이나 「서비스」 등, 기업이 하고 있는 비즈니스 내용입니다. 「BtoB」「BtoC」의 차이를 포함해서, 이해해 둡시다.)
制度 **제도**	「人事・教育制度」「休暇・休業制度」「福利厚生」など、従業員の働き方に関係する制度です。 (「인사・교육제도」「휴가・휴업제도」「복리후생」 등, 종업원의 업무와 관련된 제도입니다.)
採用情報 **채용정보**	「採用人数」「初任給(初年度月収)」など、その企業が現在、行っている採用についての情報です。 「募集職種」「選考プロセス」「応募・選考時提出書類」などの情報も含まれています。 (「채용인원」「초임금(첫 해 월급) 」등, 그 기업에 현재 시행하고 있는 채용에 대한 정보입니다. 「모집직종」「선고과정」「응모・선고시제출서류」 등의 정보도 포함되어 있습니다.)

❷ 同業界での位置づけ、他社との違いを知る (동종계에서의 위치, 타사와의 차이 알기)

その企業の業界全体を見て、同業他社との違いを確認しましょう。
そして、同業他社と比べたときに、**「その」企業の特徴や魅力**を理解することが大切です。

(그 기업의 업계 전체를 보고, 동업타사와의 차이를 확인합시다.
그리고, 동업타사와 비교할 때, **「그」기업의 특징이나 매력**을 이해하는 것이 중요합니다.)

例えば、以下の 3 つのような点に着目してみましょう。(예를 들어, 다음 세 가지 점에 주목해 봅시다.)

取引先/顧客や業態/領域の違い **거래처/고객이나 업태/영역 차이**	「**BtoB**（Business to Business）」か「**BtoC**（Business to Cusumer）」か。 ビジネスの相手の違いに着目するのがおすすめ。また、同じ業種でも、**業態や領域**が異なることがあります。例えば同じ IT 企業でも得意とする分野や事業領域が違います。 (「**BtoB**（Business to Business）」인가「**BtoC**（Business to Cusumer）」인가. 비즈니스 상대의 차이에 주목하는 것을 추천합니다. 또한, 같은 업종이라도 **업태나 영역**이 다르기도 합니다. 예를 들면 같은 IT 기업이라도 잘 하는 분야나 사업영역이 다릅니다.)
規模の違い **규모의 차이**	一般的に企業の規模を見るには、**売上高、営業利益、従業員数、資本金**などを参考にします。同じ業界の中で比較することで、企業の規模と特徴がつかめます。 (일반적으로 기업 규모를 볼 때는 **매상고, 영업이익, 종업원수, 자본금** 등을 참고로 합니다. 같은 업계 중에서 비교하는 것으로 기업 규모와 특징을 알 수 있습니다.)
資本構成の違い **자본구성의 차이**	企業グループ内で資本関係のある「系列系(**グループ会社、子会社**)」や、そうしたグループに属していない「**独立系**」、外国企業などが出資する「**外資系**」など、資本構成の違いは、事業戦略や人事制度、社風、福利厚生などの違いに表れる傾向があります。 (기업 그룹 내에서 자본 관계가 있는「계열계(**그룹 회사, 자회사**)나, 그러한 그룹에 속해 있지 않는「**독립계**」, 외국기업 등이 출자하는「**외자계**」등, 자본 구성의 차이는 시업전략이나 인사제도, 사풍, 복리후생 등의 차이로 나타나는 경향이 있습니다.)

③ 自分の志向と企業とのマッチング具合を分析 (자신의 지향과 기업과의 매칭 정도를 분석)

その企業について「良いと思う点」「気になる点」を挙げ、自分の志向と見比べることで、自分に合っているかどうかを分析してみましょう。例えば、ある企業について「良いと思う点：会社の歴史が長い」「気になる点：3 年離職率が高い」だった場合、もしあなたに「安定した経営を続けている企業で、少なくとも 10 年間、じっくり実力をつけたい」という志向があるのであれば、その企業との相性については、離職率が高い理由などを中心に、さらなる研究が必要になるかもしれません。

(그 기업에 대해 「좋다고 생각하는 점」「궁금한 점」을 들어, 자신의 지향과 비교하는 것으로 자신에게 맞는지의 여부를 분석해 봅시다. 예를 들면, 어떤 기업에 대해 「좋다고 생각하는 점 : 회사의 역사가 길다」「궁금한 점 : 3 년 이직률이 높다」였을 때, 만약 당신에게 「계속해서 안정된 경영을 하고 있는 기업으로, 적어도 10 년 동안 꾸준히 실력을 쌓고 싶다」라는 지향이 있다면, 그 기업과의 적합성에 대해서는, 이직률이 높은 이유 등을 중심으로, 재차 연구가 필요할 지도 모릅니다.)

3. 企業研究に役立つツールには、どんなものがある？
(기업연구에 도움이 되는 도구로는 어떠한 것이 있는가?)

1) 企業のホームページ (기업의 홈페이지)
2) 会社説明会 (회사 설명회)
3) 就活サイト(リクナビ等)の企業ページ、求人票 (취업활동 사이트(리쿠나비 등)의 기업 페이지, 구인표)
4) OB・OG訪問 (OB・OG 방문)
5) インターンシップ、社員との座談会・交流会 (인턴십, 사원과의 좌담회・교류회)
6) 企業情報が掲載された書籍 (기업정보가 게재된 서류)
7) 業界研究、業界地図などの書籍 (업계연구, 업계지도 등 서적)

4. 上手に情報整理するには？企業研究ノートの作り方

(정보정리를 잘 하기 위해서는? 기업연구 노트 작성법)

基本データ ※ 自分が気になる部分を 企業 HP などで調べてみよう (기본 데이터 ※ 궁금한 부분을 기업 HP 등에서 조사해 보자)		**名前：** 이름	
企業名 (기업명)		**業界** 업계	
会社 HP、情報サイト (회사 HP, 정보사이트)			
設立(せつりつ) 설립		**資本金**(しほんきん) 자본금	
社長名(しゃちょうめい) 사장 성명		**売上高**(うりあげだか) 매상고	
本社所在地(ほんしゃしょざいち) 본사소재지		**社員数**(しゃいんすう) 사원수	
事業所(じぎょうしょ) 사업소		**平均年齢**(へいきんねんれい) 평균연령	
初任給(しょにんきゅう) **(＋残業代**(ざんぎょうだい)**の制度**(せいど)**)** 초임금+(잔업수당 제도)			
勤務時間(きんむ) 근무시간			
勤務地(きんむち) 근무지			
<採用> **募集職種** **選考フロー** **優遇条件** 〈채용〉 모집직종 선고과정 우대조건			
<制度> **人事**(じんじ)**・教育制度**(きょういくせいど) **休暇**(きゅうか)**・休業制度**(きゅうぎょうせいど) **福利厚生**(ふくりこうせい) 〈제도〉 인사・교육제도 휴가・휴업제도 복리후생			

事業内容(じぎょうないよう) 사업내용	
企業理念(パーパス、ミッション、ビジョン)(きぎょうりねん) 기업이념(존재의의, 미션, 비전)	
求める人材、能力(もと／じんざい／のうりょく) 추구하는 인재, 능력	
企業の強み・弱み 기업의 강점・약점	●強み(강점) ●弱み(약점)

自分データ　※ 自分が感じたこと、考えなどを書いていこう (나의 데이터　※ 자신이 느낀 것, 생각한 것 등을 써 보자)	
興味を持った理由 흥미를 가진 이유	
「この会社の魅力・ 好きなところ」 ※ いろいろな視点から、 **自分が思う魅力**を書いてみよう ※ **理由**を考えて深掘りしよう 「이 회사의 매력・좋은 점」 ※ 여러 시점에서 **자신이 생각하는 매력**을 써 봅시다. ※ **이유**를 생각해서 깊이 생각해 봅시다. 業務／商品サービス 社風／企業理念 拠点／顧客 ・・・ (업무／상품 서비스 사풍／기업이념 거점／고객 ・・・)	
自己 PR ポイント ※ 生かせる長所・能力・経験 자기 PR 포인트 ※ 살릴 수 있는 장점・능력・경험	
この会社で 「やりたい仕事 興味のある仕事」 이 회사에서「하고 싶은 일, 관심 있는 일」	
この会社への「質問」 이 회사에 대한「질문」	
説明会・交流会のメモ **※ 直接、見て・接して感じたこと** 설명회・교류회 메모 ※ 직접 보고・접하고 느낀 것	

5. 企業研究ノート：先輩の例 (기업연구 노트 : 선배의 사례)

基本データ ※ 自分が気になる部分を 企業 HP などで調べてみよう (기본 데이터 ※ 궁금한 부분을 기업 HP 등에서 조사해 보자)		名前： 이름	
企業名 (기업명)	●●物流ソフト株式会社 (●●물류소프트주식회사)	業界 업계	IT 業界 (IT 업계)
設立 설립	1973 年 8 月 (1973 년 8 월)	資本金 자본금	2 億 1 千万円 (2 억 1 천만엔)
社長名 사장 성명	●●●●	売上高 매상고	125 億 3 千万円 (125 억 3 천만엔)
本社所在地 본사소재지	東京都●●区●●7-2-XX ●●ビル 5F	社員数 사원수	590 名 (590 명)
事業所 사업소	茨城、大阪、福岡、札幌	平均年齢 평균연령	39 歳 (39 세)
初任給 (＋残業代の制度) 초임금+(잔업수당 제도)	基本給 219,000 円 (みなし残業なし)、残業代全額支給 (기본금 219,000 엔 (고정잔업 없음), 잔업수당 전액지급)		
勤務時間 근무시간	9:00~17:45（事業所により若干異なる）「実働 7.75 時間（休憩 60 分）」 (9:00~17:45 (사업소에 따라 다소 상이) 「실제 업무시간 7.75 시간 (휴식 60 분) 」)		
勤務地 근무지	東京本社、各事業所 (도쿄 본사, 각 사업소)		
<採用> 募集職種 選考フロー 優遇条件 〈채용〉 모집직종 선고과정 우대조건	職種：システムエンジニア（文理問わず、大学卒以上） ※ 外国籍の方は、JLPT N1 資格相当の日本語レベル 選考フロー：一次面接／適性検査 → 二次面接（個別面接）→ 最終（役員面接）→ 内定 ※ 日本国外からの適性検査･面接は WEB で実施。 직종 : 시스템 엔지니어(문이과 불문, 대졸 이상) ※ 외국 국적자는, JLPT N1 자격 상당의 일본어 레벨 선발 과정 : 1 차면접/적성검사 → 2 차면접(개별면접) → 최종(보직자면접) →내정 ※ 일본 국외에서의 적성검사・면접은 WEB 으로 실시.		
<制度> 人事･教育制度 休暇･休業制度 福利厚生 〈제도〉 인사・교육제도 휴가・휴업제도 복리후생	- **研修制度** 階層別教育／新入社員教育、中堅社員教育、AM 研修、管理職研修 専門教育／SE 教育（集合教育または e ラーニング、Java プログラミング研修等）、営業教育、プロジェクトマネジメント研修、物流･流通教育、ヒューマンスキル研修、日立 Gr.技術セミナー参加、等 その他／体験発表会、研究発表会、社内英会話教室（選抜制）、海外業務研修（中国/アメリカ）、自己啓発援助 - **自己啓発支援制度** カフェテリアプラン制度(選択型福利厚生制度)による資格取得受験料、テキスト代、通信教育教材代の補助 - **キャリアコンサルティング制度** EAP 相談制度、自己申告制度		

<制度> **人事・教育制度** **休暇・休業制度** **福利厚生** **〈제도〉** **인사・교육제도** **휴가・휴업제도** **복리후생**	- **社内検定制度** 社内英語検定（TOEIC）、プロジェクトマネージャトレーニング制度 - **연수제도** 계단식교육／신입사원교육,중견사원교육, AM 연수, 관리직연수 전문교육／SE 교육(집합교육 또는 e 러닝, Java 프로그래밍 연수 등), 영업교육, 프로젝트 매니지먼트 연수, 물류・유통교육, 휴먼스킬연수, 히타치 Gr.기술세미나 참가 등 그 외／체험발표회, 연수발표회, 사내영어회화교실(선발제), 해외업무연수(중국/미국), 자기계발지원 - **자기계발지원제도** 카페테리아 플랜 제도(선택형 복리후생 제도)에 따른 자격취득 수험료, 텍스트비, 통신 교육 교재비 보조 - **캐리어 컨설턴팅 제도** EAP 상담제도, 자기신고제도 - **사내검정제도** 사내영어검정(TOEIC), 프로젝트 매니저트레이닝 제도
事業内容 사업내용	物流・流通・サービスに特化したシステムを開発。コンサルティングから、設計、開発、納品、アフターサービスまで、システム構築の一連の流れに携わっていきます。 当社の社員は上流工程から任されており、顧客との対話を経て要望を浮き彫りにし、それを設計書としてまとめ、自社内で開発、または協力会社や海外のオフショア開発会社にプログラム構築作業を依頼しています。また、パッケージソフトの開発も行っています。 물류・유통・서비스에 특화된 시스템을 개발. 컨설팅에서 설계, 개발, 납품, 애프터 서비스까지, 시스템 구축 일련의 흐름에 종사하고 있습니다. 당사의 사원은 상류공정부터 담당하고 있으며, 고객과의 대화를 거쳐 요청사항을 표면화해, 그것을 설계서로 정리하고, 사내에서 개발, 또는 협력회사와 해외 오프쉐어 개발회사에 프로그램 구축작업을 의뢰하고 있습니다. 또한, 패키지 소프트 개발도 하고 있습니다.
企業理念 **(パーパス、** **ミッション、ビジョン)** 기업이념 (존재의의, 미션, 비전)	人と環境を大切にし、高度なロジスティクス IT を通じて豊かな社会づくりに貢献します。 高い現場力と情報技術力をさらに世界に通用する強みに昇華させるべく努力を重ね、お客さまに満足いただけるサービスを心をこめて提供します。 사람과 환경을 소중히 하고, 고도의 로지스틱 IT 를 통해 풍족한 사회 만들기에 공헌합니다. 높은 현장력과 정보기술력을 세계로 통하게 하는 강점으로 승화시키기 위한 노력을 더해, 고객이 만족하실 수 있는 서비스를 마음을 담아 제공합니다.
求める人材、能力 추구하는 인재, 능력	✓ コミュニケーション能力が豊かな人 ✓ チームワークを大切にする人 ✓ チャレンジ精神が旺盛な人 ✓ 커뮤니케이션 능력이 풍부한 사람 ✓ 팀워크를 소중히 여기는 사람 ✓ 도전 정신이 왕성한 사람
企業の強み・弱み 기업의 강점・약점	● **強み** ・システム物流事業（3PL）で、資材調達から生産、販売、リサイクルに至る一連の物流についてさまざまな業界の物流を支援(この事業については日本における先駆者として認識されています。) ・専門輸送についても重量品・プラント、生産・精密設備機器、情報・通信機器等さまざまな業界のニーズに対応が可能となっています。

企業の強み·弱み 기업의 강점 · 약점	● **弱み** ・B2Bだけ進行しています。 ・引っ越しや廃棄物運送、美術品輸送など専門の物流サービスはしていない。 ● **강점** 시스템 물류사업 (3PL)에서, 자제조달에서 생산, 판매, 리사이클에 이르는 일련의 물류에 대해 다양한 업계 물류를 지원(이 사업에 대해서는 일본에서 선구자로 인식되고 있습니다.) 전문수송에 대해서도 귀중품 · 브랜드, 생산 · 정밀설비기구, 정보 · 통신기구 등 다양한 업계의 니즈에 대응이 가능합니다. ● **약점** B2B 만 진행하고 있습니다. 이사나 폐기물 운송, 미술품 운송 등 전문 물류 서비스는 하고 있지 않음.

自分データ ※ 自分が感じたこと、考えなどを書いていこう (나의 데이터 ※ 자신이 느낀 것, 생각한 것 등을 써 보자)	
興味を持った理由 **흥미를 가진 이유**	アルバイトやインターンシップなどで物流に関わる活動をしたことがきっかけです。 マクドナルドアルバイトでは材料を運ぶ業務を担当しましたが、倉庫の状況を見るとそれを管理する体系的なシステムがありませんでした。また、「大学生会社連携プログラム」で会社の倉庫管理部署で働きました。その会社では、全体の物品を EXCEL で管理しており、よく使われない物品はデータもありませんでした。この活動が物流に関係があるかはわからないですが、倉庫管理システム、受発注システムと連携できるプログラムを作りたいと思いました。その場面で日立物流はシステム物流事業（3PL）で特化してさまざまな業界のニーズに対応が可能となっていると思って入社して学びたいと思いました。 아르바이트나 인턴십 등으로 물류에 관련된 활동을 한 것이 계기입니다. 맥도날드 아르바이트에서는 자재를 옮기는 업무를 담당하고 있었습니다만, 창고의 상황을 보고 그것을 관리하는 체계적인 시스템이 없었습니다. 또한, 「대학생 회사연계 프로그램」에서 회사의 창고관리부서에서 근무했습니다. 그 회사에서는, 전체 물품을 EXCEL 로 관리하고 있으며, 잘 사용되지 않는 물품은 데이터도 없었습니다. 이 활동이 물류와 관련이 있는지는 모르겠지만, 창고관리 시스템, 수발주 시스템과 연계할 수 있는 프로그램을 만들고 싶다고 생각했습니다. 그래서 히타치 물류는 시스템 물류사업 (3PL) 으로 특화되어 다양한 업계의 니즈에 대응이 가능하다고 생각해 입사해서 배우고 싶다고 생각했습니다.
「この会社の魅力・好きなところ」 ※ いろいろな視点から、**自分が思う魅力**を書いてみよう ※ **理由**を考えて深掘りしよう **「이 회사의 매력·좋은 점」** ※ 여러 시점에서 **자신이 생각하는 매력**을 써 봅시다. ※ **이유**를 생각해서 깊이 탐색해 봅시다. 業務／商品サービス 社風／企業理念 拠点／顧客 … (업무／상품 서비스 사풍／기업이념 거점／고객 ・・・)	● 自社のソリューションを持っており、自社で勤務する会社に行きたいです。その場面で**3PLのソリューション**を持っていて、自社で工程を作るのが魅力だと思いました。この事業については日本における先駆者として認識されています。また、専門輸送についても重量品・プラント、生産・精密設備機器、情報・通信機器等さまざまな業界のニーズに対応が可能となっています。 ● 一つの分野に特化したプログラミングをしたいことと様々な業界の業務をしており、その業界ごとのノウハウを持っている企業に行きたいです。この会社は日立物流の子会社として自社に関する仕事だけすることではなく様々な業界の物流システムも作っていることです。 ●「育的雰囲気を醸成し自己練磨の機会を継続的かつ計画的に与える。」という教育理念にほどよく充実な研修制度です。新入社員研修制度から SE 技術やプロジェクトマネージャトレーニング制度などの研修を通じてだんだん成長ができる環境を提供していることが魅力的だと思います。 ● 自分の意見を言いやすい環境だと思います。人を大切にする社風であり、福利厚生や成長支援などと先輩社員のインタビューを見ると共通的な意見としては上司との距離が近くて、社員の意見をよく受け行ける環境です。 ● 자사의 솔루션을 가지고 있으며, 자사에서 근무하는 회사에 가고 싶습니다. 그래서 **3PL의 솔루션**을 가지고 있으며, 자사에서 공정을 만드는 것이 매력적이라고 생각했습니다. 이 사업에 대해서는 일본에서 선구자로 인식되고 있습니다. 또한, 전문수송에 대해서도 귀중품・브랜드, 생산・정밀설비기기, 정보・통신기기 등 다양한 업계의 니즈에 대응하는 것이 가능합니다. ● 한 분야에 특화된 프로그래밍을 하고 싶은 것과 다양한 업계 업무를 하고 있으며, 그 업계 만의 노하우를 가지고 있는 기업에 가고 싶습니다. 이 회사는 히타치 물류의 자회사로써 자사에 관한 일만 하는 것이 아니라 다양한 업계의 물류 시스템을 만들고 있는 것입니다. ●「배움의 분위기를 양성하고 자기 연마의 기회를 계속적 계획적으로 부여한다.」라는 교육 이념에 맞는 충실한 연수 제도입니다. 신입사원 연수제도에서 SE 기술이나 프로젝트 매니저 트레이닝 제도 등의 연수를 통해 점점 성장할 수 있는 환경을 제공하고 있는 것이 매력적이라고 생각합니다. ● 자신의 의견을 말하기 쉬운 환경이라고 생각합니다. 사람을 소중히 하는 사풍이며, 복리후생이나 성장지원 등을 언급한 선배 사원의 인터뷰를 보니 공통적인 의견으로는 상사와의 거리가 가깝고, 사원의 의견을 잘 받아 줄 수 있는 환경입니다.

自己 PR ポイント ※ 生かせる長所・能力・経験 **자기 PR 포인트** ※ 살릴 수 있는 장점・능력・경험	● 私は**努力家**で、目標までコツコツ努力していきます。「情報処理技師」というコンピューターの全判的な流れを理解できる資格を理論、実技、両方一回目に合格しました。 ● **物流に関わる活動**をしてきました。マクドナルド、サブウェイなどのアルバイトと会社インターンシップで発注システム、物品管理プログラムを使ったことがあります。**その時、感じたこと**はあまりユーザーの立場で考えなかったのでユーザーが使いにくいプログラムです。「ユーザーの目線でプログラムを設計する必要がある」と思いました。入社して現場に行って**使用者の意見を得ながら開発したい**と思います。 ● **チームでの仕事**をしてきました。IT 業界の業務はチームで行うと思います。それで、私はチームで役割ごとの業務をするマクドナルドやサブウェイなどのアルバイトをしてきました。マクドナルドのアルバイトでは、教育を担当する役割じゃないですが、新入スタッフと業務が未熟なスタッフに役割ごとのノウハウを知らせました。そして、働きながら発生したエピソードや冗談で楽しく働ける雰囲気を作りました。その結果店舗内の投票で「一緒に働きたい仲間」に選ばれました。 ● 저는 **노력가**이며, 목표까지 묵묵히 노력합니다. 「정보처리기사」라고 하는 컴퓨터의 전반적인 흐름을 이해할 수 있는 자격을 이론, 실기 모두 한 번에 합격하였습니다. ● **물류에 관련된 활동**을 했습니다. 맥도날드, 서브웨이 등의 아르바이트와 회사 인턴십에서 발주 시스템, 물류관리 프로그램을 사용한 적이 있습니다. **그 때 느낀 것**은 사용자의 입장에서 그다지 생각하지 않았기 때문에 사용자가 사용하기 힘든 프로그램입니다. 「사용자의 눈높이에 맞는 프로그램을 설계할 필요가 있다」고 생각했습니다. 입사해서 현장에 가서 **사용자의 의견을 들으면서 개발하고 싶다**고 생각합니다. ● **팀 워크**를 했습니다. IT 업계의 업무는 팀으로 한다고 생각합니다. 그래서, 저는 팀에서 역할마다의 업무를 하는 맥도날드나 서브웨이 등의 아르바이트를 했습니다. 맥도날드 아르바이트에서는 교육을 담당하는 역할이 아니었지만, 신입 스탭과 업무가 미숙한 스탭에게 역할마다의 노하우를 알려 줬습니다. 그리고, 일하면서 발생하는 에피소드나 농담으로 즐겁게 일할 수 있는 분위기를 만들었습니다. 그 결과 점포내 투표에서 「함께 일하고 싶은 동료」로 선발되었습니다.
この会社で「やりたい仕事 興味(きょうみ)のある仕事」 **이 회사에서 「하고 싶은 일, 관심 있는 일」**	● 私は**誰かを喜ばせる仕事**をしたいと思います。日立物流のソリューションである**3 PLシステム**を学びたいと思います。 その中にも現場で倉庫を管理する人と交流しながら開発ができる倉庫管理、在庫管理システムを開発したいと思います。 ● **物流支援ロボット**にも興味を持っています。まだ、その組み込みの分野について知識はないと思いますが、入社してそれについて開発したいと思います。 ● 入社後、経験を積んで**コンサルティング**の仕事もしたいと思います。 ● 저는 **누군가를 기쁘게 하는 일**을 하고 싶습니다. 히타치 물류의 솔루션인 **3 PL시스템**을 배우고 싶습니다. 그 중에서도 현장에서 창고를 관리하는 사람과 교류하면서 개발할 수 있는 창고관리, 재고관리 시스템을 개발하고 싶다고 생각합니다. ● **물류지원 로봇**에도 흥미를 가지고 있습니다. 또한, 그 임베디드 분야에 대한 지식은 없지만, 입사해서 그것에 대해서 개발하고 싶다고 생각합니다. ● 입사 후 경험을 쌓아 **컨설팅** 업무도 하고 싶습니다.
この会社への「質問(しつもん)」 **이 회사에 대한 「질문」**	・ 住宅補助や社員寮はあるか？自分で部屋を借りる場合、なにか会社からのサポートはあるか？(海外生活なので不安が多いため聞いてみたい) ・ 外国人社員の人数。入社何年目か？(日本人と同じようにキャリアが築いていけるのかが知りたい) ・ 外国人社員に対する期待や難しさは何か？(会社が何を求めているのかが知りたいし、どのような困難があるかを知ることでそれを乗りこえるヒントにしたい) ・ 주택보조나 사원 기숙사는 있는지? 스스로 방을 빌릴 경우, 회사로부터의 서포트는 있는지? (해외생활이라 불안 요소가 많으므로 물어 보고 싶다) ・ 외국인 사원 수. 입사 몇년차인가? (일본인과 같은 경력을 쌓을 수 있는지 알고 싶다) 외국인 사원에 대한 기대나 어려움은 무엇인가? (회사가 무엇을 요구하고 있는지 알고 싶고, 어떠한 어려움이 있는지를 아는 것으로 그것을 극복하는 힌트로 삼고 싶다)

6. 勤務条件 (근무 조건)

以下はある会社の採用ページにある勤務条件をまとめたものです。具体的な勤務条件を読み取ろう。

(다음은 어느 회사의 채용 페이지에 있는 근무 조건을 정리한 것입니다. 구체적인 근무조건을 알아봅시다.)

初任給ってなに？ (**초봉**이란?)

給与と**基本給**って同じ？ (**급여**와 **기본급**은 같은 것일까?)

みなし残業(固定残業代)は含まれてないかな？ (**고정 초과근무 수당(고정 잔업비)**은 포함되지 않을까?)

賞与ってなに？ (**상여금**이란?)

年次有給休暇ってなに？ (**연차유급휴가**란?)

ずっと住めるのかな？ (**계속 살 수** 있을까?) **お金**はかからないかな？ (**돈**은 들지 않을까?)

初任給 (초봉)		・大学院・大学卒: 210,000 円 (東京勤務) (대학원・대졸:210,000 엔(도쿄근무)) ・高専・短大・専門卒: 190,000 円 (東京勤務) (고등전문학교・전문대・전문학교졸:190,000 엔(도쿄근무))
昇給・賞与 (급여인상·상여금)		昇給年 1 回(4 月)、 賞与年 3 回(7 月、12 月、決算) (급여인상 연 1 회(4 월), 상여금 연 3 회(7 월, 12 월, 결산))
諸手当 (각종 수당)		残業手当、資格手当、通勤手当、育児手当、特別手当 など (잔업수당, 자격수당, 통근수당, 육아수당, 특별수당 등)
勤務地 (근무지)		東京、神奈川、千葉 (도쿄, 가나가와, 치바)
勤務時間 (근무시간)		9 時 00 分～18 時 00 分 (休憩 12 時 00 分~13 時 00 分) 9 시 00 분~18 시 00 분 (휴식 12 시 00 분~13 시 00 분)
休日・休暇 (휴일·휴가)		・完全週休二日制(土曜・日曜) (완전 주 2 일 휴무제(토・일)) ・祝祭日、年末年始休暇(7 日間)、夏季休暇(連続 9 日間程度各自申請) (축제일, 연말연시휴가(7 일간), 하계휴가(연속 9 일간 정도 각자 신청)) 年次有給休暇(初年度12 日:最高 20 日)、慶弔特別休暇、永年勤続休暇、看護休暇 (연차유급휴가(첫해 12 일:최고 20 일), 경조특별휴가, 장기근속휴가, 간호휴가)
福利厚生 (복리후생)	寮 (기숙사)	独身用社宅 (東京都・千葉県・埼玉県) (1 인용 사택(도쿄도・치바현・사이타마현))
	研修 (연수)	資格取得費用補助、合格報奨金(3～20 万円) (자격취득 비용보조, 합격보상금(3~20 만엔))
	保養所 (휴양소)	・健保契約保養所 (건강보험 계약 휴양소)

その他 (그 외)	・財形貯蓄、住宅取得補助、貸付金制度 (재형저축, 주택취득보조, 대출금제도) ・退職金制度 (퇴직금제도) **退職金制度**はかならずある？ (**퇴직금제도**는 반드시 있는가?) ・社員持株会 (사원주식보유회) ・慶弔見舞金、互助会 (경조금, 상조회) ・定期健康診断、人間ドック、メンタルヘルス (정기건강진단, 종합건강검진, 정신건강 관리 프로그램) ・短時間・時差勤務制度(育児・介護)、育児介護休業 (단기간・시차근무제도(육아・간병), 육아간병휴직)
クラブ活動 (동호회 활동)	サッカー、野球、スキー、ゴルフ、写真、サイクリング (축구, 야구, 스키, 골프, 사진, 사이클링)

05 面接対策 (면접대책)

1. 面接の種類 (면접의 종류)

- 日本の新卒採用では、内定までに **2～4 回面接**を行うのが一般的です。
- (일본의 신 졸업자 채용에서는 내정까지 일반적으로 **2~4 번의 면접**이 있습니다.)

一次面接 1 차면접	• **集団面接、グループディスカッション**などが多い (**집단면접, 그룹토론** 등이 많음)
二次面接 2 차면접	• 集団面接、**個人面接**、プレゼンテーションなどが多い ※ 企業によってはこの形式を何度かくり返す (집단면접, **개인면접**, 프레젠테이션 등이 많음 ※ 기업에 따라서는 이 형식을 여러 번 반복함)
最終面接 최종면접	• **役員による個人面接**が多い (**임원진에 의한 개인면접**이 많음)

▶ 面接の種類
- **集団面接（グループ面接）**
- **個人面接**
- **グループディスカッション**
- グループワーク ／ プレゼンテーション面接

▶ 면접의 종류
- **집단면접 (그룹면접)**
- **개인면접**
- **그룹토론**
- 그룹워크 / 프레젠테이션 면접

2. グループ面接 (그룹면접)

- グループ面接は、一次面接、二次面接で行われることが多い。
- 複数の学生と行うため、**短時間で好印象**を残さないと、次の面接には進めない。

- 그룹면접은 1 차 면접, 2 차면접에서 실시되는 경우가 많다.
- 여러 명의 학생과 함께 실시되므로 **단시간에 좋은 인상**을 남기지 않으면 다음 면접으로 갈 수 없다.

形式 **형식**	・受験者： 2～6名 ・面接官： 2～3名 ・話す時間：10分弱 ・수험자 : 2~6 명 ・면접관 : 2~3 명 ・말하는 시간 : 10 분 이내
質問 **질문**	・基本質問（自己ＰＲ、志望動機、学生時代に頑張ったことなど） ・**質問は１～３つ程度** ・기본질문 (자기 PR, 지원동기, 학창시절에 열심히한 일 등) ・**질문은 1~3 개 정도**

▶ **ポイント**

- 集団の中でも印象に残るよう、**あいさつ・表情・話し方は明るくさわやかに**
- 他の学生の話を**聞く態度**を示そう
- **最後のあいさつ、退出まで**見られている

▶ **포인트**

- 집단 중에서도 인상에 남도록 **인사・표정・말투는 밝고 시원하게**
- 다른 학생의 이야기를 **경청하는 태도**를 취하자
- **마지막 인사, 퇴실까지** 본다는 것을 잊지 말자

3. 個人面接 (개인면접)

- 個人面接は、一次面接、二次面接などをクリアした場合に行われることが多いので、**より深い質問**をされる。
- 개인면접은 1 차 면접, 2 차 면접 등을 통과한 다음 실시되는 경우가 많으므로 **보다 깊이 있는 질문**을 받게 된다.

形式 **형식**	・受験者：１名 ・面接官：１～３名 ・話す時間：20～40 分 ・수험자 : 1 명 ・면접관 : 1~3 명 ・말하는 시간 : 20~40 분
質問 **질문**	・**入社の意思を確認**する質問 ・**どのような仕事**がしたいか ・なぜ日本で働きたいかなど**外国人ならではの質問** ・**입사 의사를 확인**하는 질문 ・**어떠한 일**을 하고 싶은지에 대한 질문 ・왜 일본에서 일하고 싶은가 등 **외국인에게 할 수 있는 질문**

▶ **ポイント**
- エントリーシート、履歴書に書いた内容を覚えておく
- 過去の面接で話した内容と矛盾しないようにする
- **入社したい熱意や意欲をアピール**する

▶ **포인트**
- 엔트리시트, 이력서에 쓴 내용을 기억해 둔다.
- 지난 면접에서 말한 내용과 모순되지 않도록 한다.
- **입사하고 싶다는 열의와 의욕을 어필**한다.

4. グループディスカッション（그룹토론）

- あるテーマについてグループで議論し、結論を発表
- 面接官は、議論をする中での「行動や発言」から、学生を評価

- 어떤 테마에 대해서 그룹으로 토론한 후 결론을 발표
- 면접관은 토론 중의 「행동과 발언」을 보고 학생을 평가함

形式 형식	・受験者：５～８名のグループ ・面接官：２～５名 ・수험자 : 5~8 명의 그룹 ・면접관 : 2~5 명
選考 선고	・初期段階に実施（面接前の１次選考など） ・초기단계에 실시 (면접하기 전 1 차 선고 등)
テーマ 内容 테마 내용	・時事問題 ・その業界、会社に関すること ・一般的な話題、問題　etc･･･ ・시사문제 ・관련 업계, 회사에 관한 것 ・일반적인 화제, 문제 etc・・・
テーマ 出題方法 테마 출제방법	・「自由討論」（例）仕事における「成長」とは？ ・「是か非か」（例）学歴は必要か必要ではないか ・「創作、問題解決」 （例）弊社の新規事業を考えて下さい （例）少年犯罪を半減する方法を考えよ ・「자유토론」(예) 업무에 있어서 「성장」이란? ・「옳고 그름」(예) 학력은 필요한가 필요하지 않은가 ・「창작, 문제해결」 (예) 우리 회사의 신규사업을 생각해 주세요 (예) 소년범죄를 반으로 줄일 수 있는 방법을 생각해 보시오

5. その他の面接 (그 외의 면접)

他にも、次のような面接が行われることもある。(그 외에도 다음과 같은 면접이 이루어지는 경우도 있다.)

グループ・ワーク (그룹워크)

グループワークは、グループディスカッションに何か作業が加わったもの。企画の立案、商品設計など、みんなで一つの作業を行わせる。特に作業をする過程の中で、目標を達成するために**どのようにチームに貢献しているか**が見られる。

(그룹워크는 그룹토론에서 어떠한 작업이 더해진 것이다. 기획의 입안, 상품설계 등, 함께 하나의 작업을 하기 한다. 특히 작업을 하는 과정 중에 목표를 달성하기 위해 **어떤 식으로 팀에 공헌하고 있는가**를 본다.)

プレゼンテーション面接 (프레젠테이션 면접)

当日、または前もって課題が指示され、決められた時間内で、面接官にプレゼンテーションをする形式。**表現力、構成力、説得力、発想力**などが求められる。パソコンやレジュメを使って自由に発表する場合が多い。
(例) 「自分をアピールしてください」「当社で売り出したらヒットする商品をプレゼンしてください」

(당일, 혹은 사전에 과제 지시가 내려지고, 정해진 시간 안에 면접관에게 프레젠테이션을 하는 형식. **표현력, 구성력, 설득력, 발상력** 등이 요구된다. 컴퓨터나 레쥬메를 사용하여 자유롭게 발표하는 경우가 많다.
(예) 「자신을 어필해 주세요」「우리 회사에서 판매하면 히트할 상품을 프레젠테이션 해 주세요」)

圧迫面接?! (압박면접?!)

深く追及されたり、わざと困るような質問をしたり、怒らせるような質問をして、感情の起伏(きふく)や精神面などを見ることがあります。動揺せず、**笑顔でハキハキ**と自分の意見・考えを言えるようにしましょう。

(깊이 추궁하거나, 일부러 곤란한 질문을 하거나, 화를 내게 하는 질문을 해서 감정의 기복이나 정신면 등을 보는 경우가 있습니다. 동요하지 말고, **미소로 당당하게** 자신의 의견・생각을 말할 수 있도록 합시다.)

6. 面接マナー (면접 예절)

1) 印象 (인상)

面接で重要なのは**第一印象！！** 名前を呼ばれて入室。そこから **10 秒以内であなたの印象が決まります。**
では、その第一印象を決めるのはどのようなものでしょうか。

(면접에서 중요한 것은 **첫 인상！！** 이름이 불리면 입실. 입실 후 **10초 이내에 당신의 인상이 정해집니다.**
그러면, 그 첫 인상을 결정하는 것은 무엇일까요?)

第一印象を決める要素（アルバート·メラビアンの法則）
첫인상을 결정하는 요소 (앨버트·매르비앙의 법칙)

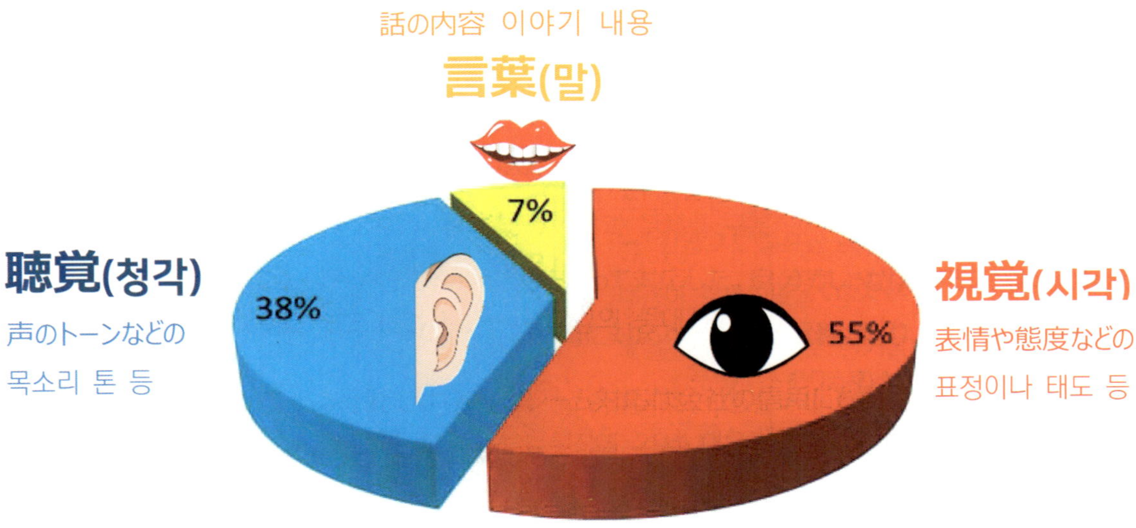

見た目·話し方 がとても重要！！ 외관·말투가 매우 중요!!

アルバート·メラビアンの法則では、第一印象を決める際、**「視覚」要素が一番大きな部分**を占めると言われています。**「視覚」要素**とは、**顔の表情、しぐさや態度、身だしなみ**などです。次に大きな要素が、**「聴覚」要素**です。これは、**話し方や声のトーン**などです。最後に、わずか７%の要素が、話の内容などの**「言葉」要素**です。つまり、態度や表情、話し方などの印象が悪ければ、どんなに素晴らしい内容を面接で話しても伝わりにくくなります。

(앨버트・매르비앙의 법칙에서는 첫 인상을 정할 때 **「시각」 요소가 가장 많은 부분**을 차지한다고 합니다. **「시각」 요소**란 **얼굴표정, 몸짓과 태도, 몸차림** 등을 말합니다. 다음으로 큰 요소가 **「청각」 요소**입니다. 이것은 **말투나 목소리 톤** 등입니다. 마지막으로 불과 7%를 차지하는 요소가 이야기 내용 등의 **「말」 요소**입니다. 즉, 태도나 표정, 말투 등의 인상이 나쁘면 면접에서 아무리 멋진 내용을 이야기하더라도 전달되기 어렵습니다.)

2) 良い第一印象を作るために (좋은 첫 인상을 만들기 위하여)

これらの内容を踏まえて、良い第一印象を作るために、次のことを、気をつけるようにしましょう。
(이러한 내용을 토대로 좋은 첫 인상을 만들기 위해 다음과 같이 신경 쓰도록 합시다.)

笑顔、目 미소, 눈	◻ 引き締まった**笑顔！！** (단정한 **웃는 얼굴！！**) ◻ 生き生きと**輝いた目！！** (반짝반짝 **빛나는 눈！！**)
声、話し方 목소리, 말투	◻ はっきりとした声で、**はきはきと**（特に男子） (또렷한 목소리로 **시원스럽게** (특히 남자))
服装、身だしなみ 복장, 몸차림	◻ 清潔で**好印象に** ⇒ 次の『身だしなみチェック』を活用しよう (청결로 **좋은 인상을** ⇒ 다음의 몸차림 체크표를 활용하자)
ビジネスマナー 비즈니스예절	◻ 基本的な**ビジネスマナー** ※ あいさつ、言葉遣い、座り方、メモをとる (기본적인 **비즈니스 예절** ※ 인사, 말씨, 앉는 법, 메모하는 자세)

3) 身だしなみチェック (몸차림 체크)

男子

髪型

- □ 髪は長すぎないか
- □ ヘアスタイルは清潔感があるか
- □ 髪の色は明るくないか

顔

- □ **ひげは剃ったか**
- □ **鼻毛は出ていないか**
- □ メガネは派手でないか
  (ファッショナブルなメガネは×)

つめ

- □ **つめは短く切っているか**
- □ つめの間が黒くなっていないか

におい

- □ **香水はつけない**
- □ **口臭はしないか**
- □ **タバコの臭いはしないか**
- □ **毎日、シャワーをしているか**
- □ **毎日、髪を洗っているか**
- □ **毎日、歯を磨いているか**

※ 清潔感は、毎日の習慣から作られます！！

アクセサリー

- □ **指輪・ネックレス・ピアスなどはしていないか**

スーツ

- □ 上下そろったリクルートスーツか
- □ ベルトは黒か茶色
- □ **ネクタイの色や柄は派手じゃないか**
  (黒は葬式用なので×)

シャツ

- □ **白(カラーやストライプは×)**
- □ アイロンがかかっているか

靴下

- □ **ビジネス用の靴下か**
- □ 地味な色か **(白は×)**
- □ 穴は開いていないか

靴

- □ 黒の革靴か
  (エナメルなどは×)
- □ 破れたり汚れたりしていないか

かばん

- □ デザインはシンプルか
- □ 色は黒や茶色
- □ A4 の書類が入るサイズか

3) 몸차림 체크

남자

헤어 스타일

- ☐ 머리가 너무 길지 않은가
- ☐ 청결감이 있는가
- ☐ 머리 색이 밝지 않은가

얼굴

- ☐ **수염은 잘랐는가**
- ☐ **콧털이 나오지 않았는가**
- ☐ 안경은 화려하지 않은가
  (패셔너블한 안경은 ×)

손톱

- ☐ **손톱은 짧게 잘랐는가**
- ☐ 손톱 사이가 검지 않은가

냄새

- ☐ **향수는 뿌리지 않는다**
- ☐ **입냄새는 나지 않는가**
- ☐ **담배 냄새는 나지 않는가**
- ☐ **매일 샤워하고 있는가**
- ☐ **매일 머리를 감고 있는가**
- ☐ **매일 이를 닦고 있는가**

※ 청결감은 매일하는 습관에서 만들어집니다！！

액서사리

- ☐ **반지 · 목걸이 · 피어싱 등은 하고 있지 않는가**

정장

- ☐ 상하의 세트 정장인가
- ☐ 벨트는 검은색 또는 갈색
- ☐ **넥타이 색과 무늬는 화려하지 않은가 (검정은 장례식 용이므로 ×)**

셔츠

- ☐ **흰색 (색깔이 있거나 줄무늬는 ×)**
- ☐ 다림질은 되어 있는가

양말

- ☐ **비즈니스용 양말인가**
- ☐ 수수한 색인가(**흰색은 ×**)
- ☐ 구멍은 나지 않았는가

구두

- ☐ 검정색 구두인가
  (에나멜 등은 ×)
- ☐ 찢어졌거나 더러워지지 않았는가

가방

- ☐ 심플한 디자인인가
- ☐ 색깔은 검정이나 갈색
- ☐ A4 서류가 들어가는 사이즈인가

女子

髪型

- □ ヘアスタイルは清潔感があるか
- □ 髪の色は明るくないか
- □ **前髪は顔にかかっていないか**
- □ **長い髪はまとめているか**
- □ ゴムやピンは黒か茶色

顔・化粧

- □ 基本的なメイクはしているか
（ノーメイクは×）
- □ **ナチュラルメイクか**
（真っ赤な口紅、つけまつげ、濃いアイシャドウ・アイラインは×）

つめ

- □ **つめは切っているか**
- □ **マニキュアはしていないか**
- □ **ネイルアートはしていないか**

におい

- □ **香水はつけない**

かばん

- □ デザインはシンプルか
- □ 色は黒や茶色
- □ A4 の書類が入るサイズか

アクセサリー

- □ **指輪・ネックレス・ピアスなどはしていないか**

スーツ

- □ 上下そろったリクルートスーツか
- □ スカートは短すぎないか
（立った状態で膝に少しかかる程度、座ったときに太ももは見えないように）

ブラウス

- □ **白(カラーやストライプは×)**
- □ アイロンがかかっているか

ストッキング

- □ **ストッキングは履いているか**
（素足は×）
- □ **色は肌に近い色か**
（タイツや靴下は×）
- □ 伝線していないか

靴

- □ 黒の革靴か
（エナメルなどは×）
- □ **シンプルなパンプスか**
（サンダル、ブーツは×）
- □ **ヒールは高すぎないか**
（３～５ｃｍが適当）
- □ よく磨いてあるか

여자

헤어 스타일

- □ 청결감이 있는가
- □ 머리 색은 밝지 않은가
- □ **앞머리가 얼굴을 가리고 있지 않은가**
- □ **긴 머리를 정돈하였는가**
- □ 고무밴드나 핀은 검정이나 갈색

얼굴 · 화장

- □ 기본 화장은 하고 있는가 (노 메이크는 ×)
- □ 자연스러운 화장인가 (새빨간 입술, 붙인 속눈썹, 짙은 아이쉐도우 · 아이라인은 ×)

손톱

- □ **손톱은 잘랐는가**
- □ **메니큐어는 하지 않았는가**
- □ **네일아트는 하지 않았는가**

냄새

- □ **향수는 뿌리지 않는다**

가방

- □ 심플한 디자인인가
- □ 색깔은 검정이나 갈색
- □ A4 서류가 들어가는 사이즈인가

액서사리

- □ **반지 · 목걸이 · 피어싱 등은 하고 있지 않는가**

정장

- □ 상하 세트 정장인가
- □ 스커트는 너무 짧지 않은가 **(선 상태에서 무릎에 닿을 정도, 앉았을 때 허벅지가 보이지 않도록)**

블라우스

- □ **흰색 (색깔이 있거나 줄무늬는 ×)**
- □ 다림질은 되어 있는가

스타킹

- □ **스타킹을 신었는가 (맨다리는 ×)**
- □ **피부색에 가까운 색깔인가 (타이즈나 양말은 ×)**
- □ 줄이 가지 않았는가

구두

- □ 검정색 구두인가 (에나멜 등은 ×)
- □ **심플한 단화인가** (샌달, 부츠는 ×)
- □ **힐은 너무 높지 않은가 (3~5 cm가 적당)**
- □ 잘 닦여 있는가

4) 受付から入退出 (접수부터 입퇴실)

❶ 会場に到着 (면접장에 도착)

▶ 面接会場へは遅くとも 10～15 分前に到着しましょう ※早すぎてもダメ！！
(면접장에는 늦어도 10~15 분 전에 도착합니다. ※너무 빨라도 안됩니다！！)

▶ コートは建物に入る前に脱ぎ、裏側を外に向けてたたむ
(코트는 건물에 들어가기 전에 벗고 뒤 쪽을 밖으로 향하게 해서 접기)

❷ 受付で (접수에서)

おはようございます／こんにちは。	«あいさつ(인사)»
わたくし＿＿＿＿＿＿＿＿＿＿と申します。	«名前(이름)»
本日 10 時からの 1 次面接に参りました。	«アポイント内容(약속 내용)»
よろしくお願いいたします。	

❸ 控え室で (대기실에서)

▶ 携帯の電源は切り、静かに待つ (휴대폰 전원을 끄고, 조용히 기다린다)

▶ カバンはテーブルの上ではなく、自分の足元に置く (가방은 테이블 위가 아닌, 자신의 발 밑에 둔다)

▶ 落ち着きのない行動や動作はしない (안정감 없는 행동이나 동작은 하지 않는다)

④ 入室 (입실)

- ドアをノック ※２～３回 (문을 두드린다 ※ 2~3번)

- 「どうぞ」と言われたら、少しドアを開け「**失礼いたします**」と言ってから入室 ※ ドアの開閉は静かに
  (「들어 오세요(どうぞ)」라고 면접관이 말하면, 잠시 문을 열고「**실례하겠습니다**(失礼いたします)」라고 말한 다음 입실 ※ 문의 개폐는 조용히)

- 面接官に向かって一礼 ⇒ いすの横まで移動 (면접관을 향해 한 번 인사하기 ⇒ 의자 옆까지 이동)

> **はじめまして、**（●●大学）＿＿＿＿＿＿＿＿学部の＿＿＿＿＿＿＿＿**と申します。**
> **どうぞよろしくお願いいたします。** **«敬礼（경례(인사))»**
>
> 笑顔で、明るく、さわやかに!!
> (웃는 얼굴로 밝고 상큼하게 !!)

- 「**どうぞ、おかけください**」と言われたら、「**失礼いたします**」と言って座る
  (「앉으세요(どうぞ、おかけください)」라고 들으면 「**실례하겠습니다(失礼いたします)**」라고 말하고 앉기)

注意！！(주의)

▶ いすに座るとき、**背もたれには寄りかからない**（1/3 は空けて座る）
(의자에 앉을 때, **등받이에 기대지 않기**(1/3 은 띄워서 앉는다))

▶ **姿勢よく**座る。(**좋은 자세로** 앉는다.)

▶ 基本的に**手はひざの上**。手で髪をいじらない。貧乏ゆすりはしない。
(기본적으로 **손은 무릎 위에**. 손으로 머리카락을 만지지 않는다.
다리를 떨지 않는다.)

⑤ 退出 (퇴장)

▶「以上で終了です」と面接が終わったら
(「이상으로 마치겠습니다(以上で終了です)」라고 면접이 끝나면)

> 座ったまま (앉은채로) : **はい。ありがとうございました。**
>
> 立ち上がって (일어서서) : **失礼いたします。** **«敬礼（경례(인사))»**

※（ドアのところまで進んだら）「失礼します」と一礼。ドアを静かに閉めて退出する
(※ (문 앞까지 간 다음에) 「실례하겠습니다(失礼します)」라고 인사. 문을 조용히 닫고 퇴장한다)

7. 具体的な面接対策 (구체적인 면접대책)

1) 基本質問対策 (기본질문 대책)

次の質問は、面接の基本質問です。質問に対する自分の答えを、しっかり準備しておきましょう。
(다음 질문은 면접에서의 기본 질문입니다. 질문에 대한 자신의 대답을 제대로 준비해 둡시다.)

質問 질문	答え方について 대답하는 방법에 대해서
自己紹介 **자기소개**	・簡単に１分程度でまとめる ・自己紹介は最初の自己 PR で、**あなたの印象を決めるもの**です。「志望企業にアピールしたいこと」を、ここでしっかり言いましょう。アピール内容も企業で「求められるもの・生かせるもの」を選ぶ。 ・構成例 ① 大学で学んできたこと（専攻・複数専攻について）OR 力を注いできたこと ② 自分の長所について・アピールしたいこと ③ 今後の抱負（長所やアピールしたことを、今後どう生かしたいか） ・간단히 1 분 정도로 정리한다. ・자기소개는 가장 처음 하는 자기 PR 로, **당신의 인상을 정하는 것**입니다. 「지원기업에 어필하고 싶은 것」을 여기에서 제대로 말합시다. 어필 내용도 기업에서 「요구되는 것・살릴 수 있는 것」을 선택한다. ・구성의 예 ① 대학에서 배운 것 (전공・복수전공에 대해서)OR 힘써서 노력한 것) ② 자신의 장점에 대해서・어필하고 싶은 것 ③ 앞으로의 포부(장점이나 어필하고 싶은 것, 앞으로 어떻게 살릴 것인가)
志望動機 (なぜその**会社**？) **지원동기** (왜 그 **회사** 인가?)	・数ある会社の中で、その会社で働きたい理由を言う。 ※ **企業研究** - その会社の**魅力・強み** ※特に「**他社にない魅力・強み**」「アルバイト、インターン経験から感じたこと」は強力 - 社風やビジョンなど**共感した部分** - その会社で**興味のある仕事、やりたい仕事** ／ その会社で**生かせる自分の能力** ・수많은 회사 중에 그 회사에서 일하고 싶은 이유를 말한다. ※ **기업연구** - 그 회사의 **매력・강점** ※ 특히 「**다른 회사에 없는 매력・강점**」「아르바이트, 인턴십 경험에서 느낀 것」은 강력함 - 사풍이나 비전 등 **공감되는 부분** - 그 회사에서 **흥미를 느끼는 일, 하고 싶은 일** ／ 그 회사에서 **살리고 싶은 자신의 능력**

質問 질문	答え方について 대답하는 방법에 대해서
なぜその**業界**で 仕事したいのか 왜 그 **업계**에서 일하고 싶은가	・**その業界に関心を持った理由**、そこで働きたい理由を言う。 - その業界の魅力、可能性 ※ **業界研究** - 自分の経験や出来事から、その業界に興味を持ったきっかけ ・**그 업계에 관심을 가지게 된 이유**, 그곳에서 일하고 싶은 이유를 말한다. - 그 업계의 매력, 가능성 ※ **업계연구** - 자신의 경험이나 있었던 일에서 그 업계에 흥미를 가지게 된 계기
なぜその**職種**を 希望するのか 왜 그 **직종**을 희망하는가	・その業界、企業の中で**なぜその職種（営業、接客、企画 など）**がやりたいかを言う。 - その職種の魅力、その職種に対する特別な想い - その職種でやりたいこと ・그 업계, 기업 안에서 **왜 그 직종 (영업, 접객, 기획 등)**이 하고 싶은지를 말한다. - 그 직종의 매력, 그 직종에 대한 특별한 생각 - 그 직종에서 하고 싶은 일
なぜ**日本**で 仕事したいのか 왜 **일본**에서 일하고 싶은가	・日本就職を目指すなら、必ず考えなくてはならないもの。日本で働きたい理由は１つでなくてもよい。まずは理由をリストアップし、「**一番の理由を１つ**」「**主な理由を２つ OR３つ**」挙げて説明すると良い。 ・일본취업을 목표로 한다면, 반드시 생각해야 하는 것. 일본에서 일하고 싶은 이유는 하나가 아니라도 좋다. 우선은 이유를 리스트 업해서 「**가장 큰 이유 하나**」「**주요 이유를 둘 OR 셋**」 들어서 설명하는 것이 좋다.
キャリアプラン どんな業務に携わりたいか、具体的に **캐리어 플랜** 어떤 업무에 종사하고 싶은가, 구체적으로	・**興味のある業務、やってみたい業務**を言う。 実際にその会社にある、具体的な業務。 ※ **企業研究** ・できれば、「短期的プラン(３年後、５年後)どんな業務をして」、「長期的プラン(10年後)何を目指したいか」まで考えておく。 ・**흥미 있는 업무, 하고 싶은 업무**를 말한다. 실제로 그 회사에 있는 구체적인 업무. ※ **기업연구** ・가능하면 「단기적 계획(3년 후, 5년 후) 어떠한 업무를 하고」, 「장기적 계획 (10년 후) 무엇을 목표로 하고 싶은가」까지 생각해 둔다.
どのくらいの期間、 日本で働く予定か 어느 정도의 기간동안 일본에서 일할 예정인가	・企業はあなたが長く働くつもりがあるか、それをとても気にします。**できるだけ長く働きたい**ことを伝えましょう。 ・「５年経験を積んだら韓国に戻る、起業する、他の会社に行く」は NG！ ・「とにかく３年頑張る」「５年を目標にプロを目指す」などを言っても良いが、３年、５年後に会社を辞めるつもりだと誤解されないように、「その後もその会社で働き続けたい」ことをしっかり伝えること。 ・기업은 당신이 오래 근무할 것인지에 대해 매우 신경 씁니다. **가능한 오래 일하고 싶다**는 것을 전합시다. ・「5년간 경험을 쌓으면 한국으로 돌아간다, 창업한다, 다른 회사로 간다」는 NG！ ・「어쨌든 3년은 열심히 한다」「5년을 목표로 프로가 된다」 등을 말해도 좋지만, 3년, 5년 후에 회사를 그만둘 것 같다는 오해를 받지 않도록 「그 후에도 그 회사에서 계속 일하고 싶다」는 것을 제대로 전달할 것.

質問 질문	答え方について 대답하는 방법에 대해서
・将来の夢 ・目標 ・장래의 꿈 ・목표	・**中・長期的プラン（5年後、10年後）**の目標や夢を言う。 ・あくまでもその会社に勤めている前提の目標や夢であること。 ・**중・장기적 계획 (5년 후, 10년 후)**의 목표나 꿈을 말한다. ・어디까지나 그 회사에서 근무하는 것을 전제로 한 목표나 꿈일 것.
あなたの **長所/短所** 당신의 **장점/단점**	・長所（強み）：仕事で生かせるものを選ぶ。**それを証明する「経験談」**と共に説明。 ・短所（弱み）：改善可能なものを選ぶ。それに対して行っている**「対策」「努力」「心がけ」**と共に説明。 ・장점 (강점) : 업무에서 살릴 수 있는 것을 선택한다. 그것을 증명할 「**경험담**」과 함께 설명. ・단점 (약점) : 개선가능한 것을 선택한다. 그것을 위해 하고 있는 「**대책**」「**노력**」「**마음가짐**」과 함께 설명.
それを業務でどのように生かしたいか 그것을 업무에서 어떻게 살리고 싶은가	・あなたの「長所、強み」を、**実際の業務や仕事の中で、どのように生かせるか**を説明。 ・당신의 「장점, 강점」을 **실제 업무나 일에서 어떻게 살릴 수 있을 것인가**를 설명.
大学で一番頑張ったこと **대학에서 가장 열심히 한 것**	・大学で力を注いできたことを言う。**具体的な「経験談」**と共に説明。 ・「その会社の求める能力・人材」「その会社で使える能力」に合うものを選ぶ。 ・대학에서 노력해 온 것을 말한다. **구체적인 「경험담」**과 함께 설명. ・「그 회사에서 요구하는 능력・인재」「그 회사에서 사용할 수 있는 능력」에 맞는 것을 선택한다.

2) マインドマップで整理(せいり)➡話す練習　※ 日本語の文章を暗記(あんき)しない！
(마인드맵으로 정리➡말하는 연습　※ 일본어 문장을 암기하지 않기 !)

- **話すときの Tips**
  - ▶ 「**①結論：質問に対する答えを一言で**」、「②理由・根拠：具体的な例や経験談」（「③まとめ」）
    ☞ **結論から言う練習！！**
  - ▶ 内容が複数ある場合は、「**主(おも)に３つ**あります」「**大きく２つ**あります」など最初に数を示してから、１つ１つ説明する。

- 말할 때의 **Tips**
  - ▶ 「①**결론 : 질문에 대한 답을 한 마디로**」, 「②이유・근거 : 구체적인 사례나 경험담」(「③정리」)
    ☞ **결론부터 말하는 연습 ! !**
  - ▶ 내용이 복수인 경우에는, 「**주로 세 개** 있습니다.」「**크게 두 개** 있습니다.」와 같이 처음에 수로 표현하고, 하나하나 설명한다.

- **練習の Tips**
  - ▶ 一人で話す練習も OK（Zoom の画面録画をして確認するとよい）
  - ▶ 誰かとの練習はさらに良い（聞いてもらう、質問してもらう、FB をもらう）

- **연습 Tips**
  - ▶ 혼자서 말하는 연습도 OK (Zoom 화면 녹화를 해서 확인하면 좋음)
  - ▶ 다른 사람과 연습하면 더욱 좋다 (들어 주기, 질문 받기, FB 받기)

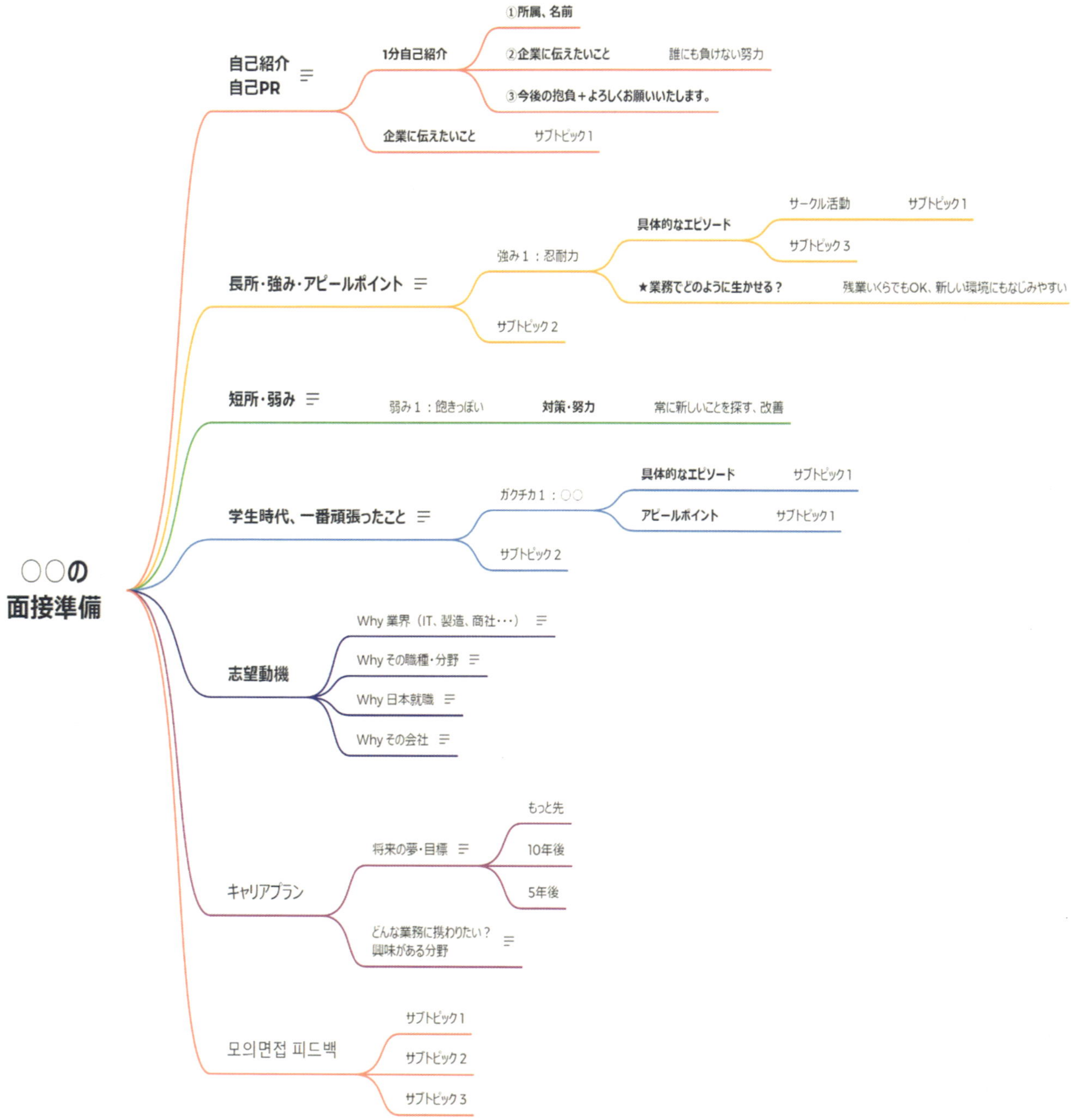

3) 模擬面接をやってみよう (모의면접을 해보자)

❶ 面接をやってみる ・・・ **面接マナー、自己紹介**の実践 ※ **上手くできなくて OK。それが経験になる。**
(면접을 해 본다・・・**면접 예절, 자기소개** 실천 ※ 잘하지 못해도 OK. 그것이 경험이 됨.)

❷ 面接官、見学者になってみる ・・・ 他者の視点、採用側の視点、客観的な視点
(면접관, 견학자가 되어 본다 ・・・다른 사람의 시점, 채용 측의 시점, 객관적인 시점)

▶ **面接官のセリフ（対面面接）** (면접관의 대사 (대면면접))

面接官 1 면접관 1	＜ノック＞ (＜노크＞) **はい、どうぞ、お入りください。**
面接官 2 면접관 2	＜いすの横に面接者が来たら＞ (＜의자 옆으로 면접자가 오면＞) **では、こちらから所属と名前をお願いします。** ・・・・ ※ 名前をメモしよう (※ 이름을 메모해 두자) ＜全員の名前が終わったら＞ (＜전원의 이름 말하기가 끝나면＞) **はい、ありがとうございます。では、おかけください。**
面接官 3 면접관 3	＜いすに座ったら＞ (＜의자에 앉으면＞) **まず最初に自己紹介をお願いいたします。** **では、〇〇さんからお願いします。** ・・・ **ありがとうございました。** **では次に、〇〇さんお願いします。** ・・・ **ありがとうございました。**
面接官 4 면접관 4	＜全員、自己紹介が終わったら＞ (＜전원, 자기소개가 끝나면＞) **はい、ありがとうございました。** **面接は以上で終了です。お疲れ様でした。**

4) 振り返る — 気づき·学び ➡ 改善点·次の作戦

(돌아보기 - 느낀 점·배운 점 ➡ 개선점·다음 작전)

ふりかえりシート ※ 한국어 작성도 OK 学年(학년) : 名前(이름) :

今回の目標 오늘의 목표		
面接 ふりかえり 면접 돌아보기	《自己評価》(《자기평가》)	4:よくできた 3:できた 2:少し問題あり 1:問題あり (4:매우잘함 3:잘함 2:약간문제있음 1:문제있음)
	1. **面接マナー** (入退出、あいさつ、おじぎ、座り方) (**면접 예절** (입·퇴실, 인사, 절, 앉는 방법))	4 · 3 · 2 · 1
	2. **顔の表情、声(大きさ·速さ)**は適当だったか？ (**얼굴 표정, 목소리 (크기·속도)**는 적당하였는가?)	4 · 3 · 2 · 1
	3. 準備した**内容を十分に伝え**られたか？ (준비한 **내용을 충분히 전달**할 수 있었는가?)	4 · 3 · 2 · 1
	4. **総合評価** (종합평가)	4 · 3 · 2 · 1
	① **面接をやって 感じたこと、気づき** (면접을 해 보고 느낀 점, 깨달은 점)	
	② **自己評価の分析** (評価の理由、上手くできた点·できなかった点) ➡ **改善点、対策は？** (자기평가 분석(평가 이유, 잘한 점·못한 점) ➡ 개선점, 대책은?)	
面接官· 見学の ふりかえり 면접관· 견학 돌아보기	③ **面接官·見学をして気づいたこと·感じたこと(良かったところ、気になったところ)➡自分にどう活かす？** (면접관·견학을 하고 깨달은 것·느낀 것(좋았던 점, 궁금한 점)➡자신에게 어떻게 활용할까?)	

5) こんな時どう答える？ (이럴 때 어떻게 대답할 것인가?)

問1 正直に答えるべき？(질문 1 솔직하게 대답해야 할까?)

Q

「何年くらい日本で働きたいと思っていますか？」
(「몇 년 정도 일본에서 일하고 싶습니까?」)

… 本当は５年くらい働いたら韓国に帰りたいな。。。
(… 사실은 5 년 정도 일하면 한국으로 돌아가고 싶어…)

① 「はい。５年くらい日本で働いていろいろな経験を積みたいと考えています。その後は、韓国に帰国して、日本で学んだ経験を生かした仕事をしたいと考えております。」

② 「はい。できれば日本で長く働きたいと思っております。御社で、自分の力を発揮し、貢献できればと思っております。」

① 「네. 5 년 정도 일본에서 일하면서 여러 경험을 쌓고 싶습니다. 그 다음은 한국으로 귀국해서 일본에서 배운 경험을 살린 일을 하고 싶다고 생각합니다.」

② 「네. 가능하면 일본에서 오래 일하고 싶다고 생각합니다. 이 회사에서 자신의 힘을 발휘해서 공헌할 수 있다면 좋겠다고 생각합니다. 」

A

正解：② （すべてを言う必要はない。会社にとってデメリットと思われるようなことは言わない。）
(정답 : ② (모든 것을 말할 필요는 없다. 회사에 있어서 손해라고 생각되는 것은 말하지 않는다.)

問2 正直に答えるべき？(질문 2 솔직하게 대답해야 할까?)

Q

「まずは営業を経験してもらいたいと考えていますが、営業の仕事はいかがですか？」
(「우선은 영업을 경험했으면 하는데, 영업 일은 어떠세요?」)

…自分に合わなそうだし、できれば事務職がいいな。。。
(…나한테 맞지 않을 것 같고, 가능하면 사무직이 좋은데…)

① 「申し訳ないのですが、営業は希望しておりませんし、私には向かないと思っております。できれば事務職など、ほかの仕事をお願いしたいのですが・・・。」

② 「はい。私は事務職を希望しておりましたが、営業の仕事で現場を知ることは大切だと思っております。ぜひ、営業の仕事から頑張りたいと思います。」

① 「죄송합니다만, 영업은 희망하지 않으며, 제 적성에 맞지 않다고 생각합니다. 가능하다면 사무직 등 다른 일을 하고 싶습니다만….」

② 「네. 저는 사무직을 희망하고 있습니다만, 영업 업무로 현장을 아는 것은 중요하다고 생각하고 있습니다. 꼭 영업 일부터 열심히 하고 싶습니다. 」

A

正解：② （いろいろな職種を経験することも今後の成長になるポジティブ（前向き）に回答しよう！）
(정답 : ② (여러 직종을 경험하는 것도 앞으로의 성장에 도움이 된다는 긍정적인 대답을 합시다 !)

問3　正直に答えるべき？(질문 3 솔직하게 대답해야 할까?)

Q

「当社は第一希望ですか？」
(「우리 회사는 제 1 지망입니까?」)

…本当は他にもっと行きたい会社があるんだけどな。。。
(사실은 따로 더 가고 싶은 회사가 있긴 한데...)

① 「いいえ。違います。第一希望は△△会社です。そこがダメなら御社を考えています。」
② 「はい。現時点では御社を第一希望としています。なぜなら･･･（その企業の中で自分が良いと思っていることを、具体的に話す）･･･だからです。」

① 「아니요. 그렇지 않습니다. 제 1 지망은 △△회사입니다. 그곳이 안된다면 이 회사에 다니는 것을 생각하고 있습니다.」
② 「네. 현 시점에서는 이 회사를 제 1 희망으로 하고 있습니다. 왜냐하면 ~~(그 기업에서 자신이 좋다고 생각하는 것을 구체적으로 말한다)~~이기 때문 입니다.」

A

正解：②（ウソはよくないが、「第一希望です（第一志望郡です）」と言うのが無難。大学とつながりがある企業の場合は、先生と相談しておくこと。）
(정답 : ②(거짓말은 좋지 않지만 「제 1 지망입니다(네 1 지망군입니다)」로 말하는 것이 무난하다. 대학과 연계되어 있는 기업의 경우는 선생님과 미리 상담할 것.)

問4　よく聞き取れなかった時･･･(질문 4 잘 못 알아들었을 때…)

Q

「○＞×！@＃＊@＾%＊$････？」

…どうしよう、質問がよく聞き取れなかった。。。
(…어쩌지. 질문을 잘 못 알아들었어...)

① 「申し訳ございません。もう少し大きな声でお願いできますか。」
② 「申し訳ございません。もう一度、質問をお願いできますか。」
③ 「申し訳ございません。私の日本語レベルでは理解することができません。恐れ入りますが、もう少し簡単にお願いできますか。」

① 「죄송합니다. 한 번 더 큰 소리로 부탁드려도 되겠습니까?」
② 「죄송합니다. 한 번 더 질문을 부탁드려도 되겠습니까?」
③ 「죄송합니다. 제 일본어 레벨로는 이해를 못했습니다. 죄송하지만, 좀 더 간단하게 부탁드려도 되겠습니까?」

A

正解：②（相手のせいにしたり、日本語レベルが低いという事は言わない。余計なことは言わず、シンプルにお願いをしよう。）
(정답 : ② (상대방 탓으로 하거나, 일본어 레벨이 낮다는 말은 하지 않는다. 필요 없는 말은 하지 말고 간단하게 부탁하자.)

問5　意味がわからない・・・（질문 5 의미를 모를 때 …）

Q: 「○>×！@＃＊@＾%＊＄・・・・？」

…やばい、知らない日本語だ。質問の意味がわからない。。。
（…큰 일이다. 모르는 일본어야. 질문의 의미를 모르겠어...）

① 「そのことについては知らないのですが…」
② 「・・・」（無言になる）
③ 「申し訳ございません。私の勉強不足で、質問の○○については詳しく答えられません。
しかし、□□というように考えています。」

① 「그 점에 대해서는 모르겠습니다만…」
② (아무 말도 하지 않는다)
③ 「죄송합니다. 저의 공부가 부족해서, 질문하신 ○○에 대해서는 자세히 대답할 수 없습니다.
그러나 □□라고 생각하고 있습니다.」

正解：③（無言が一番よくありません。しかし、「知りません」「わかりません」とマイナスの表現で終わらせると印象がよくありません。頭を一生懸命、動かして、関連することを何か言う努力をしましょう！）
(정답 : ③ (아무 말도 하지 않는 것이 가장 좋지 않습니다. 그러나 「모르겠습니다」(「知りません」「わかりません」)라는 부정적인 표현으로 대답하면 좋은 인상으로 남을 수 없습니다. 머리를 열심히 써서 관련이 있는 무엇인가를 열심히 말하려고 노력하는 자세를 보입시다！)

6) 想定質問リスト (가상 질문 리스트)

面接対策シートの基本質問を含めた、よく聞かれる質問をリストアップしました。自己チェックしてみましょう。
(면접대책 시트의 기본 질문을 포함해서, 잘 묻는 질문을 리스트업 했습니다. 셀프 체크(자가점검)를 해 봅시다.)

▶ 自分について（性格・経験・考え）の質問 (자기자신에 대한(성격·경험·생각) 질문)

- □ **自己紹介をしてください (자기소개를 해 주세요)**
- □ **（1分間で）自己PRをしてください ((1분 정도) 자기 PR을 해 주세요)**
- □ **あなたの長所（強み）を教えてください (당신의 장점(강점)을 알려 주세요)**
- □ あなたの短所（弱み）を教えてください (당신의 단점(약점)을 알려 주세요)
- □ 短所を克服するために、どんな努力をしていますか
  (단점을 극복하기 위해 어떤 노력을 했습니까?)
- □ 誰にも負けないと思うことは何ですか
  (누구에게도 지지 않는 것은 무엇입니까?)
- □ **これまで一番頑張ったこと/大変だったことは何ですか（それをどう乗り越えましたか）**
  (지금까지 가장 열심히 한 것/힘들었던 것은 무엇입니까?(그것을 어떻게 극복했습니까?))
- □ **アルバイトは何かやっていましたか (아르바이트는 한 적이 있습니까?)**
- □ **サークルやクラブ活動は何かやっていましたか (동아리 활동은 한 적이 있습니까?)**
- □ **所属している組織での「あなたの役割」は何ですか**
  (소속된 조직에서 「당신의 역할」은 무엇입니까?)
- □ リーダーシップをとった経験はありますか (리더십을 가지고 행동한 경험은 있습니까?)
- □ **まわりの人のあなたへの評価を教えてください**
  (주위 사람이 당신을 어떻게 평가하는지 알려 주세요)
- □ **成功体験を教えてください (성공담을 알려 주세요)**
- □ **失敗体験を教えてください (실패담을 알려 주세요)**
- □ 今まで一番感動したことを教えてください (지금까지 가증 감동한 일에 대해 알려 주세요)
- □ この大学に入った理由は何ですか (이 대학에 들어온 이유는 무엇입니까?)
- □ あなたの座右の銘（モットー）は何ですか (당신의 좌우명(모토)은 무엇입니까?)
- □ **あなたの夢を教えてください (당신의 꿈을 알려 주세요)**
- □ **5年後、10年後の自分について教えてください**
  (5년 후, 10년 후의 자신에 대해 알려 주세요)

▶ 入社意欲を測る質問 (입사의욕을 측정하는 질문)

- □ **当社を志望した理由を教えてください (우리 회사를 지망한 이유를 알려 주세요)**
- □ **この業界を選んだ理由は何ですか (이 업계를 선택한 이유는 무엇입니까?)**
- □ この業界は今後、どうなっていくと思いますか (이 업계는 앞으로 어떻게 될 것 같습니까?)
- □ **この職種を選んだ理由は何ですか (이 직종을 선택한 이유는 무엇입니까?)**
- □ 当社の印象/イメージを教えてください (우리 회사의 인상/이미지를 알려 주세요)
- □ 当社の理念や、ビジョンについてどのように考えていますか
  (우리 회사의 이념이나 비전에 대해서 어떻게 생각하고 있습니까?)
- □ 当社のサービス、商品の魅力を教えてください
  (우리 회사의 서비스, 상품의 매력을 알려 주세요)
- □ **あなたの強みを当社でどのように生かせますか**
  (당신의 강점을 우리 회사에서 어떻게 살리겠습니까?)
- □ **当社に入ってやりたいことを教えてください**
  (우리 회사에 들어와서 하고자 하는 일을 알려 주세요)

▶ 外国人ならではの質問 (외국인 입장에서 받을 수 있는 질문)

- □ **いつから日本語を勉強していますか (언제부터 일본어 공부를 했습니까?)**
- □ **日本に来たことはありますか (いつ、目的、場所、期間)**
  (일본에 온 적이 있습니까?(시기, 목적, 장소, 기간))
- □ **なぜ日本で働きたいのですか (왜 일본에서 일하고 싶습니까?)**
- □ **日本で働くことについて、両親/家族はどのように言っていますか**
  (일본에서 일하는 것에 대해 부모님/가족은 어떻게 말하고 있습니까?)
- □ 日本の環境や慣習の中で仕事をするのは大丈夫ですか
  (일본이라는 환경이나 관습 속에서 일하는 것은 괜찮습니까?)
- □ 日本で働くうえで不安に思うことはありますか
  (일본에서 일하면서 불안을 느끼는 일은 있습니까?)
- □ 何年くらい日本で働きたいと思っていますか
  (몇 년 정도 일본에서 일하고 싶습니까?)
- □ 母国で仕事をする計画はありますか
  (모국에서 일할 계획은 있습니까?)

▶ その他　(그 외)

- ☐ パソコンのスキルを教えてください（컴퓨터 스킬을 알려 주세요)
- ☐ プログラミングスキルを教えてください/IT は今までどのような勉強をしてきましたか
  ※ エンジニア
  (프로그래밍 스킬을 알려 주세요/IT 에 관해서 지금까지 어떤 공부를 했습니까?
  ※ 엔지니어)
- ☐ 最近、気になるニュースを教えてください（최근에 관심이 있는 뉴스를 알려 주세요)
- ☐ 配属先(はいぞくさき)が、希望部署(きぼうぶしょ)でなかった場合はどうしますか
  (배치된 부서가 희망 부서가 아닐 경우 어떻게 하겠습니까?)
- ☐ **最後に何か質問はありますか (마지막으로 하고 싶은 질문 있습니까?)**

7) 面接管理シート (면접 관리 시트)

本番の面接ほど、良い練習の機会はありません。実際の面接が終わったらすぐに、次の面接管理シートを参考にして、自ら振り返りを行ってください。特に、「**上手く答えられなかった部分**」が、**自分の改善ポイント**です。この「**振り返り＋改善**」を積み重ねることで、**自分自身を成長**させることができます。

(**실제의 면접만큼, 좋은 연습의 기회**는 없습니다. 실제로 면접이 끝나면 바로, 다음의 면접관리시트를 참고해서, 스스로 되돌아보기를 해주세요. 특히, 「**잘 대답하지 못했던 부분**」이, 자신의 **개선 포인트**입니다. 「**되돌아보기 + 개선**」을 반복하는 것으로, **자기자신을 성장**시킬 수 있습니다.)

▶ 面接管理シート (면접 관리 시트)

<table>
<tr><td rowspan="2">기업명 :</td><td>이름/학번</td><td>/</td></tr>
<tr><td>면접일</td><td>20 년 (1차: 월 일 /2차: 월 일 /…)</td></tr>
</table>

<table>
<tr><td colspan="2">모집 직종/담당 업무</td><td>/</td></tr>
<tr><td colspan="2">선고 프로세스</td><td>서류전형・적성시험 (언어 / 비언어 / CAB / 성격 / ( ))
면접 1차 · 2차 · 3차 (대면/비대면, 일본현지, 그룹/개인, GD)</td></tr>
<tr><td>받은 질문 (기술자 등 면접관 종류도 기입)</td><td>면접 차수</td><td>나의 답변 / 코멘트(자기반성)</td></tr>
<tr><td></td><td></td><td></td></tr>
<tr><td></td><td></td><td></td></tr>
<tr><td></td><td></td><td></td></tr>
<tr><td></td><td></td><td></td></tr>
<tr><td colspan="2">자신이 질문한 내용</td><td></td></tr>
</table>

<table>
<tr><td>면접 분위기</td><td colspan="2">기업에 대한 인상</td></tr>
<tr><td rowspan="7">1차:

2차:
…</td><td>내 용</td><td>평가(1~5)</td></tr>
<tr><td>1. 기업 규모 (그룹 포함)</td><td></td></tr>
<tr><td>2. 근무 환경 (파견 근무 여부, 출퇴근 시간 등)</td><td></td></tr>
<tr><td>3. 사업 내용 (업무 범위, 흥미)</td><td></td></tr>
<tr><td>4. 인사제도, 교육제도</td><td></td></tr>
<tr><td>5. 근무시간의 적정도 (잔업시간 등)</td><td></td></tr>
<tr><td>6. 급여 및 복리후생</td><td></td></tr>
</table>

<table>
<tr><td>면접 후 느낀 점</td><td>면접 결과</td></tr>
<tr><td rowspan="3">▣ GOOD POINT
1.
2.
▣ BAD POINT
1.
2.
▣ 느낀 점 (총평) :</td><td>1차 (합격/불합격)
2차 (합격/불합격)
최종 (합격/불합격)</td></tr>
<tr><td>자신이 생각하는 (합격/불합격)이유</td></tr>
<tr><td></td></tr>
</table>

▶ 面接管理シート：先輩の例 (면접관리시트 : 선배의 예)

<table>
<tr><td colspan="2" rowspan="2">기업명 : 株式会社○○</td><td>이름/학번</td><td>○○○/********</td></tr>
<tr><td>면접일</td><td>○○년 (1차: ○월 ○○일/최종: ○월 ○○일)</td></tr>
<tr><td colspan="2">모집 직종/담당 업무</td><td colspan="2">東京勤務、福岡勤務 / ITエンジニア職</td></tr>
<tr><td colspan="2">선고 프로세스</td><td colspan="2">서류전형・적성시험 (언어 / 비언어 / 성격)
면접 1차(Zoom)・최종(대면) ※ 개인</td></tr>
<tr><td>받은 질문 (기술자 등 면접관 종류도 기입)</td><td>면접 차수</td><td colspan="2">나의 답변 / 코멘트(자기반성)</td></tr>
<tr><td>자기소개를 해주세요</td><td>1, 최종</td><td colspan="2">○○대학 ○○학부의 ○○입니다. 복수전공인 컴퓨터공학부에서 IT공부도 해왔습니다.
또, 새로운 도전을 하기위해 IT동아리에 들어갔습니다.
제일 큰 배움은 커뮤니케이션의 중요함이였습니다. 당시 초심자였고 자기가 담당한 부분이 너무 어려웠습니다. 하지만 포기하지 않고, 팀 리더, 멤버와 커뮤니케이션을 통해 해결해 나갈 수 있었습니다. 물론 자신의 스킬도 중요하지만 팀프로젝트가 많다고 생각하기 때문에 다시한번 커뮤니케이션의 중요성을 느끼게 되었습니다. 저는 이 경험으로 어렵거나 힘든 점이 있으면 적극적으로 커뮤니케이션을 통해 해결해 나가고 싶다고 생각합니다.
잘 부탁드립니다.</td></tr>
<tr><td>부모님은 일본 취업을 동의하시나요?</td><td>1, 최종</td><td colspan="2">네 적극적으로 동의하십니다.
목표가 생기고 그것을 달성하려는 모습을 보고 지원해 주십니다. 가족들도 일본을 좋아하기 때문에, 제가 일본에 살면 장난으로 호텔 경비가 줄어든다고 좋아합니다.</td></tr>
<tr><td>사진 두 장에 대해 설명해주세요</td><td>1, 최종</td><td colspan="2">첫번째는 여름에 대학에서 한 프로젝트 사진인데, 여름 방학이 없어서 힘들었지만, 좋은 경험이었다고 생각해서 정했습니다.
두번째 사진은 여행 사진인데, 여행은 저에게 있어서 중요한 것이라서 정했습니다. 여행이 있어서 일본을 접하게 되었고, 목표가 생기고, 그 목표를 이루기 위해 성장을 해 지금의 제가 있다고 생각합니다. 또, 여행은 사회나 세계를 보는 시선도 성장하고 동기부여, 스트레스 해소를 할 수 있는 수단이기 때문에 여행사진으로 정해보았습니다.</td></tr>
<tr><td>주로 개발, 인프라 중 어느 쪽 공부를 배웠나요</td><td>1</td><td colspan="2">주로 개발 쪽 공부를 하였습니다. 대학에서는 네트워크 수업이 적었기 때문에, 주로 자바, C, 파이썬 같은 개발 언어를 주로 배웠습니다. 하지만, 언젠가 양쪽의 지식을 가진 풀 스택 엔지니어가 되는 것이 목표이기 때문에, 네트워크나 인프라 쪽 공부도 해 나가고 싶습니다</td></tr>
<tr><td>정보처리기사 결과는 어떻게 되었나요? 느낌은 어때요?</td><td>최종</td><td colspan="2">이번에 실기 시험을 쳐서 기다리고 있습니다. 아슬아슬 할 것 같지만, 혹시 떨어지더라도 다시 도전하려고 합니다.</td></tr>
<tr><td>○○학부에서 전부(과)하셨나요? 이유가 있나요?</td><td>1, 최종</td><td colspan="2">네 전부(과)하였습니다. 일본에 살면서 일해보고 싶다는 목표가 생겼기 때문입니다. 입학 당시에는 자신이 무엇을 하고싶다, 되고 싶다 라는 꿈이 없었습니다. 그래서 성적이 좋지 않았고 이대로 라면 시간 낭비가 되는 게 아닐까라고 생각했습니다. 저는 어릴 때 여러가지를 접해보자라고 생각하여, 우선 휴학을 하고 다른 진로들을 도전해보면서 실패를 겪었습니다. 그 와중에 만난 것이 일본이었습니다. 일본을 접하고 여행을 가고, 콘텐츠를 보고, 공부를 하면서 '아, 여행뿐 만 아니라 직접 살아보자' 라는 목표를 세우게 되었습니다. 그 목표를 이루기 위해서 전부(과)를 하여 확실하게 배우자라고 생각해서 전부(과)를 하게 되었습니다.</td></tr>
<tr><td>IT가 어렵지는 않으신 가요?</td><td>1, 최종</td><td colspan="2">물론 어렵습니다. 하지만, 직접 내 손으로 만든 프로그램이 움직이는 것을 보거나 알고리즘 문제를 풀었을 때의 달성감, 흥미가 더 크기 때문에 재미있다고 생각합니다.</td></tr>
</table>

그룹활동 할 때 주로 어떤 역할을 맡으시나요?	1, 최종	1/주로 협력, 협조하는 역할을 자주하며, 이번 여름방학 프로젝트에서는 기술적인 부분을 담당하여, 기술적인 부분에 리더역할을 하게 되었다. 어렵고 힘들었지만 같이 배워가며 성장할 수 있는 기회였습니다. 최종/주로 협력, 협조하는 역할을 자주하며, 부 리더 역할도 맡은 적이 있습니다. /구체적인 대답을 못했다.
자신이 질문한 내용		최근 ○○시스템에 힘을 쓰고 있는데 직접 외국인, 여성으로서 일할 때 불편한 점은 없었나요? ○○에 관련된 시스템을 만들고 싶다고 하셨는데 현재 프로젝트가 진행 중 인가요? 어느정도 실패가 있어야 성장도 한다고 생각하는데, 조금은 실패해도 괜찮은 환경인가요? 오늘 면접을 받았습니다만, 부족했던 부분을 알려주신다면 감사하겠습니다. 피드백을 받아서 다시 자신의 성장과 연결된다고 생각하기 때문에 무언가 있다면 부탁드립니다.

면접 분위기	기업에 대한 인상	
	내 용	평가(1~5)
1차: 한국인 직원분이 있었고, 가벼운 분위기로 딱딱하지 않았다 최종: 사장님과 인사담당분은 부드러운 분위기였지만, **取締役専務執行役員**님이 조금 깐깐한 이미지라 압박감을 느꼈다.	1. 기업 규모 (그룹 포함)	4
	2. 근무 환경 (파견 근무 여부, 출퇴근 시간 등)	5
	3. 사업 내용 (업무 범위, 흥미)	4
	4. 인사제도, 교육제도	5
	5. 근무시간의 적정도 (잔업시간 등)	4
	6. 급여 및 복리후생	3

면접 후 느낀 점	면접 결과
▣ GOOD POINT 1. 취업활동 초기보다는 확실히 자신이 말하고 싶은 것을 잘 말할 수 있었다. 2. 미소를 자주 보여줬던 것 같다. ▣ BAD POINT 1. 조금 깐깐하거나 차가운 면접관을 만나면 긴장을 해서 말을 잘 하지 못했다. 2. 면접을 여러 개 동시에 보니까 개인적으로 준비를 확실히 안 했던 것 같다. ▣ 느낀 점 (총평) : 결과적으로는 합격을 하게 되었지만, 조금 아쉬운 부분이 있다면 긴장했을 때 말이 잘 안나온 것이 조금 아쉽다.	1차 (합격) 최종 (합격) **자신이 생각하는 (합격/불합격)이유** 합격한 이유는 꾸준히 도전한 결과가 아닐까라고 생각합니다.

第 二 部

就職活動に必要なビジネス日本語

(취업활동에 필요한 비즈니스 일본어)

01 日本語文章の基礎 (일본어 문장의 기초)

「文章を書くということは、人生と同じである。」(「문장을 쓴다는 것은 인생을 쓰는 것과 같다」)

人生(じんせい)は「**判断**(はんだん)」の繰(く)り返(がえ)しです。文章を書くことも、相手にどのように伝えるかを「**考え・選択**」するという「**判断**」の繰り返しです。まずは**日本語を書くルール(適切(てきせつ)な使い方)**を知り、そして、なにを使うか自分で判断して使う訓練(くんれん)をしていくとそれができるようになります。人生と同じですね。

(인생은 「**판단**」의 연속입니다. 문장을 쓰는 것도 상대에게 어떻게 전달할 것인가를 「**생각(고민)・선택**」하는 「**판단**」의 연속입니다. 우선 **일본어를 쓰는 규칙(적절한 사용법)**을 알고 무엇을 어떻게 쓸 것인가 스스로 판단해서 쓰는 훈련을 해 나가면 잘 할 수 있을 것입니다. 인생도 마찬가지이지요.)

以下は、日本に就職した先輩が実際に書いた履歴書の文章を少し変更したものです。
まずは、次の文章読を読んでみてください。読みにくくありませんか？？

(아래는 일본에 취업한 선배가 실제로 작성한 이력서 문장을 조금 바꾼 것입니다.
먼저 다음 글을 읽어봐 주세요. 읽기 어렵지 않나요？？)

> **学業以外で学生時代に力を注いだこと**
>
> 私は大学の野球サークルでの活動に力を注いできました.初めは校内の大会に出るメンバーが足りないと友人からの頼みで始めましたが１つずつしっかりアウトを取ったり皆のヒットが繋いで得点する野球ならではのチームプレーが魅力的に感じ入部を決めました.野球のルールも知らない上途中から入部したため最初の半年間は大学リーグの試合にも出られずなかなかサークルに馴染めませんでした.早くサークルに馴染みチームの一員になりたいと思いそのための工夫をしました.まずルールを知るためにプロ野球の動画を観て勉強をしまた身長とスピードを生かし外野守備を猛練習しました.飲み会や合宿など全てのサークル活動に参加するようにしました.徐々に周りから認められるようになりサークルもまた社会経験の一つだと実感しました.このような経験は普段は受け身の自分を大きく変え主体的に行動をするきっかけになり自分の努力次第で周りは十分変わることがわかりました.

次に、下の文章を読んでみましょう。上との違いはなんですか？

(다음으로 아래의 글을 읽어봅시다. 위쪽의 글과 다른 것은 무엇입니까?)

> **学業以外で学生時代に力を注いだこと**
>
> 私は大学の「野球サークル」での活動に力を注いできました。
>
> 初めは校内の大会に出るメンバーが足りないと、友人からの頼みで始めましたが、1つずつしっかりアウトを取ったり、皆のヒットが繋いで得点する野球ならではのチームプレーが魅力的に感じ、入部を決めました。しかし、野球のルールも知らない上、途中から入部したため、最初の半年間は大学リーグの試合にも出られず、なかなかサークルに馴染めませんでした。そこで、早くサークルに馴染み、チームの一員になりたいと思い、そのための工夫をしました。まず、ルールを知るためにプロ野球の動画を観て勉強をし、また身長とスピードを生かし、外野守備を猛練習しました。さらに、飲み会や合宿など、全てのサークル活動に参加するようにしました。その結果、徐々に周りから認められるようになり、サークルもまた社会経験の一つだと実感しました。
>
> このような経験は、普段は受け身の自分を大きく変え、主体的に行動をするきっかけになり、自分の努力次第で周りは十分変わることがわかりました。

1. 日本語を書くルール (일본어를 쓰는 규칙)

1) 句読点 (구독점)

▶ 句点 ⇒ 。(まる) ･･･ 文が終わったところに書く

구점 ⇒ 。(동그라미) … 문장이 끝난 곳에 사용

▶ 読点 ⇒ 、(てん) ･･･ 文章を読みやすくするために書く

독점 ⇒ 、(쉼표) … 문장을 읽기 쉽도록 사용

確認 1 **次の文に読点を (　) の数だけ書きなさい。** 解答/해답 p.99
(**확인 1** 다음 문장의 구독점을 (　) 안에 있는 숫자만큼 넣어 주세요.)

1. 日本には北海道東京大阪などの観光地がある。(２)
2. この辞書は小さくて便利だ。しかし例文が少ない。(１)
3. まずはあいさつをしその後で始める。(１)
4. 明日本の貸し出しは５時までだそうだ。(１)
5. 一生懸命がんばったが試験に落ちてしまった。(１)

確認 2 **a の文と b の文に読点を１つずつ書いて、(　) の意味になるようにしなさい。** 解答/해답 p.99
(**확인 2** a 문장과 b 문장에 독점을 하나씩 넣고 (　) 안의 의미가 되도록 해 보세요.)

a 私は鈴木さんと高橋さんが作った作品を見に行く予定です。(鈴木さんと一緒に行く)

b 私は鈴木さんと高橋さんが作った作品を見に行く予定です。(私一人で行く)

ブン子と一緒にお風呂に入ったら
先生の体毛だらけになりませんか？

補足(ほそく) 「あいさつをして → あいさつをし」
(**보충** 「あいさつをして→あいさつをし」)

なんだか幼稚(ようち)な印象・・・なぜだろう？ (왠지 유치한 인상이 듭니다…왜 그럴까요?)

- この大学は外国人も多いし、キャンパスもきれいです。
- 昔はよく遊んで、よく食べる子供でした。
- 周囲の意見を聞いて、内容をまとめました。

▶ **連用中止形(れんようちゅうしけい)** (並列(へいれつ)、対立(たいりつ)、行為(こうい)の順序(じゅんじょ)を表(あらわ)す「～たし、～」「～て、～」を、**フォーマルな表現**にしたもの)
(**연용 중지형** (병렬, 대립, 행위의 순서를 나타내는 「~たし、~」「~て、~」를 **격식있는 표현**으로 한 것)

- 動詞(どうし)：「《ます形(けい)》、～」 例）行(い)く：行ったし／行って→行き
  (동사 : 「《ます형》、~」)
- い形容詞(けいようし)：「《て形の「て」を取(と)った形(かたち)》、～」 例）おもしろい：おもしろいし／おもしろくて→おもしろく
  (い형용사 : 「《て형의 「て」를 뺀 형》、~」)
- な形容詞：「《て形》、～」 例）親切(しんせつ)だ：親切だし／親切で→親切で
  (な형용사 : 「《て형》、~」)

確認 (확인) 解答/해답 p.99

(1) 大学ではスピーチ&ディベートというサークルに**所属(しょぞく)して**、ディベート大会にも選手(せんしゅ)として出場(しゅつじょう)しました。

→ 大学ではスピーチ&ディベートというサークルに＿＿＿＿＿＿、ディベート大会にも選手(せんしゅ)として出場(しゅつじょう)しました。

(2) 日本語は高校(こうこう)から勉強を**始(はじ)めたし**、大学に入(はい)ってからも勉強を続(つづ)けました。

→ 日本語は高校(こうこう)から勉強を＿＿＿＿＿＿、大学に入(はい)ってからも勉強を続(つづ)けました。

(3) 歴史(れきし)も**長(なが)くて**、伝統(でんとう)ある会社だと思います。

→ 歴史(れきし)も＿＿＿＿＿＿、伝統(でんとう)ある会社だと思います。

(4) 御社(おんしゃ)の製品(せいひん)は韓国でも**有名(ゆうめい)だし**、私もいつも愛用(あいよう)しています。

→ 御社(おんしゃ)の製品(せいひん)は韓国でも＿＿＿＿＿＿、私もいつも愛用(あいよう)しています。

追加問題 ※ やりたい人は挑戦(ちょうせん)! (**추가문제** ※ 해 보고 싶은 사람은 도전!) 解答/해답 p.100

以下を連用中止形に直しましょう。(아래를 연용 중지형으로 고쳐봅시다.)

1) 周囲(しゅうい)の意見(いけん)を聞いて、内容をまとめました。

2) 昔(むかし)はよく遊(あそ)んで、よく食べる子供でした。

3) 自分にできることを考えて、それを行動(こうどう)に移(うつ)しました。

4) この大学は外国人も多いし、キャンパスもきれいです。

5) 東京は物価(ぶっか)も高くて、人も多い。

6) 永野先生は教師(きょうし)であって、研究者(けんきゅうしゃ)でもあります。

7) この報告書(ほうこくしょ)はきれいに整理(せいり)されていて、わかりやすいです。

8) 毎日、ジョギングをしていて、体力(たいりょく)には自信(じしん)があります。

9) この工場(こうじょう)では人(ひと)の手(て)を使わないで、すべて機械(きかい)で行っています。

10) 先生がいましたが、あいさつをしないで、通(とお)り過(す)ぎてしまいました。

2) 記号(きごう) (기호)

> **Question**
> 何が違う？(무엇이 다른가?)
> 国内・海外旅行 と 国内、海外旅行
> 国内・海外旅行 と 国内／海外旅行

▶ ・ 中黒(なかくろ)、中点(なかてん) (가운뎃점, 중간점)

※ 外国人の名前を**カタカナ**で書くとき、区切(くぎ)りを表(あらわ)す。⇒ 例) ダニエル・ヘニー
(외국인의 이름을 **가타카나**로 쓸 때 구분을 표시한다.)

※ 同じレベルの言葉を並(なら)べて１つのまとまりにするとき、語(ご)の区切(くぎ)りを表す。⇒ 例) 国内(こくない)・海外旅行(かいがいりょこう)
(같은 레벨의 말을 병렬하여 한 개로 정리할 때 단어의 구별을 나타낸다.)

▶「 」かぎかっこ (낫표)

※ 発話部分(はつわぶぶん)や、はっきり目立(めだ)たせたい部分(ぶぶん)を表す。
(발화 부분이나 확실히 눈에 띄게 하고 싶은 부분을 나타낸다.)

⇒ 例) 母は「早寝早起(はやねはやお)きが一番よ」とよく言う。
例) 彼(かれ)はいわゆる「フリーター」である。

> **Question**
> ʻ ʼ ″ ″ ← これは使う？(이것은 사용?)

▶『 』二重(にじゅう)かぎかっこ (겹낫표)

※ 本や雑誌(ざっし)、ドラマ、映画のタイトル（題名(だいめい)）を表す。⇒ 例)『人間失格(にんげんしっかく)』という本の中では…
(책이나 잡지, 드라마, 영화의 타이틀(제목)을 나타낸다.)

※「 」で囲(かこ)んだ部分(ぶぶん)の中で、もう１回(かい)「 」を使うとき。
(「 」안의 부분 중에서 다시 한번「 」을 사용할 때)

⇒ 例) 先生は「必ず『はい』か『いいえ』で答えなさい」と言った。

▶（ ）かっこ (괄호)

※ 詳(くわ)しい説明(せつめい)を加(くわ)えるとき、または別(べつ)の言葉で言い換(か)えるとき、読み方などを表すとき。
(상세한 설명을 추가할 때나 다른 말로 바꿀 때, 읽는 법 등을 나타낼 때)

⇒ 例) 釜山外国語大学は韓国（釜山）にあります。
例) バレンタインデー（２月１４日）に、日本では女性(じょせい)が男性(だんせい)にチョコレートを渡(わた)す。

> **Question**
> ； ← これは使う？ (이것은 사용?)

▶ ： コロン (콜론)

※ ある事柄(ことがら)と、その具体的(ぐたいてき)な内容を区切(くぎ)るときに使う。
(어떤 사항과 그 구체적인 내용을 구분할 때 사용한다.)

⇒ 例) 場所：釜山外国語大学　MANO 記念館

確認 3　次の文に記号を書き入れなさい。（확인 3　다음 문장에 기호를 넣어보세요.）解答/해답 p.100

❶ 仲間由紀恵(なかまゆきえ)はごくせんで脚光(きゃっこう)を浴(あ)び、女優(じょゆう)としての地位(ちい)を確立(かくりつ)した。　※ごくせん：ドラマのタイトル

❷ 食(た)べることを通(とお)して体と心を健全(けんぜん)に育(そだ)てようということを食育(しょくいく)という言葉で表現(ひょうげん)している。

❸ ガリレオガリレイは法廷(ほうてい)で地球(ちきゅう)は確(たし)かに回(まわ)っているんですと言った。

❹ 野球(やきゅう)は明治(めいじ)5 年西暦(せいれき)1872 年に日本に伝(つた)わった。

日本語を書くルール：解答 (일본어를 쓰는 규칙 : 해답)

▶ 句読点

確認 1

❶ 日本には北海道、東京、大阪などの観光地がある。（2）
※ 言葉をならべるとき (단어를 나열할 때)

❷ この辞書は小さくて便利だ。しかし、例文が少ない。（1）
※ 接続詞(しかし、そして etc.)のあと (접속사(しかし、そして etc.)뒤)

❸ まずはあいさつをし、その後で始める。（1）
※ 連用中止形（意味はテ形と同じ）(연용중지형(의미는 テ형과 동일))

❹ 明日、本の貸し出しは5時までだそうだ。（1）
※「時」を表す名詞 (「때」를 나타내는 명사)

❺ 一生懸命がんばったが、試験に落ちてしまった。（1）
※ 文を一度止めるとき(～が、～場合、～とき etc.) (문장을 한번 멈출 때(～が、～場合、～とき etc.))

確認 2

a 私は鈴木さんと、高橋さんが作った作品を見に行く予定です。（鈴木さんと一緒に行く）

b 私は、鈴木さんと高橋さんが作った作品を見に行く予定です。（私一人で行く）

▶ 連用中止形

確認

(1) 大学ではスピーチ&ディベートというサークルに**所属し**、ディベート大会にも選手として出場しました。

(2) 日本語は高校から勉強を**始め**、大学に入ってからも勉強を続けました。

(3) 歴史も**長く**、伝統ある会社だと思います。

(4) 御社の製品は韓国でも**有名で**、私もいつも愛用しています。

追加問題

1) 周囲の意見を聞**き**、内容をまとめました。

2) 昔はよく遊**び**、よく食べる子供でした。

3) 自分にできることを考**え**、それを行動に移しました。

4) この大学は外国人も多**く**、キャンパスもきれいです。

5) 東京は物価も高**く**、人も多い。

6) 永野先生は教師で**あり**、研究者でもあります。

7) この報告書はきれいに整理されて**おり**、わかりやすいです。

8) 毎日、ジョギングをして**おり**、体力には自信があります。

9) この工場では人の手を使わ**ず**、すべて機械で行っています。

10) 先生がいましたが、あいさつを**せず**、通り過ぎてしまいました。

▶ 記号

確認 3

❶ 仲間由紀恵は『ごくせん』で脚光を浴び、女優としての地位を確立した。

❷ 食べることを通して体と心を健全に育てようということを「食育」という言葉で表現している。

❸ ガリレオ・ガリレイは法廷で「地球は確かに回っているんです」と言った。

❹ 野球は明治5年（西暦1872年）に日本に伝わった。

2. 文章の種類と文体 (문장의 종류와 문체)

日本語には、「**話し言葉**」と「**書き言葉**」があり、文章を書くときは「書き言葉」を使います。
(일본어에는 「**회화체**」와 「**문장체**」가 있는데 문장을 쓸 때는 「문장체」를 사용합니다.)

- **書き言葉**（文語）・・・ 文章を書くときに使う言葉 ――― ＊「**書くとき**」「**フォーマルな場面での会話**」
(**문장체** (문어)) ・・・ 문장을 쓸 때 사용하는 말 ― ＊「**쓸 때**」「**격식 있는 장면에서의 회화**」)

- **話し言葉**（口語）・・・ 話すときに使う言葉 ――― ＊特に「日常会話」
(**회화체** (구어)) ・・・ 말할 때 사용하는 말 ― ＊특히 「일상회화」)

さらに書き言葉 には、次のような文体（スタイル）があります。
(문장체에는 다음과 같은 문체(스타일)도 있습니다)

- **丁寧体**（敬体）・・・「です・ます体」　**例）** 私の長所は何事に対しても積極的なところ**です**。
(**정중체** (경어체))
- **普通体**（常体）・・・「だ・である体」　**例）** 私の長所は何事に対しても積極的なところ**だ**。
(**보통체** (평어체))

日本語の文章は、文章の種類、内容、読む人に合わせて使う言葉や文体を使い分けます。
(일본어 문장은 문장의 종류, 내용, 읽는 사람에 맞춘 말과 문체를 구분하여 사용합니다.)

3. モードチェンジ (모드체인지)

実務文章を書くとき、日常会話で使われる「**話し言葉（くだけた言葉）**」から「**書き言葉**」への**モードチェンジ（切り替え）**が必要です。まずは、問題を解いてみましょう。
(실무적인 문장을 쓸 때에 일상회화에서 사용되는 「**회화체 (친근한 말)**」를 「**문어체**」로 **모드체인지 (전환)**하는 것이 필요합니다. 우선 문제를 풀어봅시다.)

問題 **「書き言葉」の表現として適当なものを選びましょう。** 解答/해답 p.105
문제 **「문어체」 표현으로 적당한 것을 고르시오.**

① 最近、携帯電話のマナーの悪さが（ a すごく　b 非常に ）目につきます。
② ビートたけしの考えは、一般の人には（ a ぜんぜん　b まったく ）理解できないだろう。
③ 私の研究テーマは（ a ちょっと　b 少し ）変わっています。
④ このような例は（ a 多数　b いっぱい ）あります。
⑤ 昨日は定休日だった（ a から　b ので ）、メールの返信ができませんでした。

▶「話し言葉」と「書き言葉」 ★★★超重要★★★ (「회화체」와 「문어체」 ★★★매우 중요★★★)

	話し言葉（くだけた言葉） 회화체 (친근한 말)	書き言葉（やわらかい書き言葉／かたい書き言葉 ） 문어체 (부드러운 문어체/딱딱한 문어체)
副詞(ふくし) 부사	いっぱい すごく、とっても あんまり やっぱり たぶん ちょっと 全然(ぜんぜん) 全部(ぜんぶ) そんなに **もっと** **ちゃんと**	たくさん／多数(たすう)、大勢(おおぜい) とても／非常(ひじょう)に、大変(たいへん) あまり やはり おそらく 少し、わずか 全(まった)く 全(すべ)て それほど **さらに、より** きちんと、しっかり、正(ただ)しく、正確(せいかく)に、十分(じゅうぶん)に ・・・
接続詞(せつぞくし) 等 （文と文をつなぐ） 접속사 등 (문장과 문장을 잇는다)	だから、ですから、**なので** **でも**、だけど、ですが **それで** それに だって	**そのため**、したがって、その結果(けっか) しかし **そのため**、**そこで** また、さらに なぜなら
接続助詞(せつぞくじょし) 等 （文末(ぶんまつ)） 접속조사 등 (문말)	**から** たら けど **とか** とき	**ので、ため** ば が **や** とき／際(さい)
その他(た) 그 외	こんな・そんな・あんな **いろんな** **～くらい（ぐらい）** ～みたい ～しちゃ・～じゃ ～しなきゃ	このような・そのような・あのような **いろいろな／様々(さまざま)な、多様(たよう)な** **～程(ほど)、約(やく)～** ～のよう ～しては・～では ～しなければ

"したがって"
の日本語に注意！！
(한국어 "따라서" 의 일본어에 주의！！)

※ 下線(かせん)が引(ひ)かれているものは、学生が「履歴書(りれきしょ)の作成(さくせい)」で非常(ひじょう)によく間違(まちが)えるものです！！
(※ 밑줄이 친 곳은 학생이 「이력서 작성」에서 매우 자주 틀리는 부분입니다!!)

確認 1　次の文の下線部を、「書き言葉」になるよう書きかえてみましょう。 解答/해답 p.105

(확인 1　다음 문장에서 밑줄 친 부분을 「문장체」가 되도록 바꾸어 써 봅시다.)

1. リーダーという仕事は大変でした。でも、私にとって、とても良い経験になりました。

   (→　　　　　　)

2. 日本文化とかビジネスマナーについて学びました。

   (→　　　　　　)

3. その日、 私は高熱を出してしまいました。それで、スピーチ大会には出ることができませんでした。

   (→　　　　　　)

4. 自分の考えを、ちゃんと言えるような社会人になりたいです。

   (→　　　　　　)

確認 2　次の文の「話し言葉」の表現を、「書き言葉」の表現に直しましょう。 解答/해답 p.105

(확인 2　다음 문장에서 「회화체」 표현을 「문장체」 표현으로 바꾸어 봅시다.)

★ヒント：表にないものもあります。話すときは話しやすく「簡略化」や「省略」をしても、書くときは正式な表現で書きます。

(★힌트: 표에 없는 것도 있습니다. 말할 때는 말하기 쉽게 「간략화」나 「생략」을 하더라도 쓸 때는 정식적인 표현으로 씁니다.)

1. 私の会社は有名じゃないけど、優れたエンジニアがいっぱいいます。
2. 温暖化は私の国でもやっぱり大きな問題になっています。
3. 母は私のプレゼントをとっても喜んでくれたから、ほんとに嬉しかったです。
4. 日本語が上手になるためには、もっと勉強しなくちゃいけません。
5. 会社に電話をかけてみたけど、誰も出ませんでした。
6. 私はいつもおんなじ失敗ばっかり繰り返してる気がします。

追加問題 ※ やりたい人は挑戦(ちょうせん)！ (**추가문제** ※ 해 보고 싶은 사람은 도전!) 解答/해답 p.106

以下の文章は、実際の履歴書の抜粋(ばっすい)です。フォーマルで自然な文章に直してみましょう。

★ 検討(けんとう)ポイント： 1．モードチェンジ 2．自然な表現

아래의 문장은 실제 이력서에서 발췌한 것입니다. 격식있고 자연스러운 문장으로 고쳐봅시다.

★ 검토할 포인트: 1. 모드체인지 2. 자연스러운 표현

1. 日本人とコミュニケーションを取ることは、日本へ旅行するみたいなものです。

2. 私は昔から人より先に意見を出すのが苦手でした。ですが、このような自分を変えるためにチーム活動や発表に積極的に参加しました。

3. この仕事ができただけでも嬉しかったんですけど、お客様から感謝の言葉を頂き、やりがいを感じました。

4. 日本語をもっと学びたいと思い、日本語を専攻しました。

5. いろんな人達に出会うことが出来ました。

モードチェンジ：解答（かいとう） (모드체인지 : 해답)

問題

❶ 最近、携帯電話（けいたいでんわ）のマナーの悪さが（ a すごく　[b 非常に] ）目につきます。

❷ ビートたけしの考えは、一般の人には（ a ぜんぜん　[b まったく] ）理解できないだろう。

❸ 私の研究（けんきゅう）テーマは（ a ちょっと　[b 少し] ）変わっています。

❹ このような例は（ [a 多数]　b いっぱい ）あります。

❺ 昨日は定休日（ていきゅうび）だった（ a から　[b ので] ）、メールの返信ができませんでした。

確認 1

❶ リーダーという仕事は大変でした。でも、私にとって、とても良い経験（けいけん）になりました。
（→ **しかし** ）

❷ 日本文化とかビジネスマナーについて学（まな）びました。
（→ **や** ）

❸ その日、 私は高熱（こうねつ）を出してしまいました。それで、スピーチ大会には出ることができませんでした。
（→ **そのため** ）

❹ 自分の考えを、ちゃんと言えるような社会人（しゃかいじん）になりたいです。
（→ **きちんと、しっかり、十分に・・・など** ）

確認 2

❶ 私の会社は有名（ゆうめい）じゃないけど、優（すぐ）れたエンジニアがいっぱいいます。
⇒ではありませんが／ではないが　⇒多数／大勢／（たくさん）

❷ 温暖化（おんだんか）は私の国でもやっぱり大きな問題になっています。
⇒やはり

❸ 母は私のプレゼントをとっても喜（よろこ）んでくれたから、ほんとに嬉（うれ）しかったです。
⇒とても／非常に／大変　⇒ので／ため　⇒本当(ほんとう)に

❹ 日本語が上手になるためには、もっと勉強しなくちゃいけません。
⇒さらに　⇒くてはいけません／くてはなりません／ければなりません

❺ 会社に電話をかけてみたけど、誰（だれ）も出ませんでした。
⇒みましたが／みたが

❻ 私はいつもおんなじ失敗（しっぱい）ばっかり繰（く）り返（かえ）してる気がします。
⇒同じ(おなじ)　⇒ばかり　⇒している

追加問題

1. 日本人とコミュニケーションを取ることは、日本へ旅行するみたいなものです。
   ⇒**ような**

2. 私は昔から人より先に意見を出すのが苦手でした。ですが、このような自分を変えるために
   ⇒**こと**　⇒**しかし**
   チーム活動や発表に積極的に参加しました。

3. この仕事ができただけでも嬉しかったんですけど、お客様から感謝の言葉を頂き、やりがいを感じました。
   ⇒**のですが**

4. 日本語をもっと学びたいと思い、日本語を専攻しました。
   ⇒**さらに**

5. いろんな人達に出会うことが出来ました。
   ⇒**いろいろな人／様々な人**

4. 接続の言葉 (접속하는 말)

接続の言葉（接続詞など）は、文章と文章との関係を表す働きをします。
接続の言葉を使うと、文章の流れがわかりやすくなります。

(접속하는 말(접속사 등)은 문장과 문장과의 관계를 나타내는 역할을 합니다.
접속하는 말을 사용하면 문장의 흐름이 알기 쉬워집니다.)

実務文章で (실무문장에서)

▶ よく使う接続の言葉 (자주 사용되는 접속하는 말)

1) 順接 (순접)

- 「**そのため**」「**したがって**」「**その結果**」･･･前の文が理由で起きた事実や結果を言う場合
(앞 문장이 이유이고 일어난 사실이나 결과를 말할 때 사용)

例）この大学は環境クリーン活動が盛んです。そのため、校内にはごみが一つも落ちていません。

- 「**そこで**」･･･前の文の事情に対応する行為を言う場合 (앞 문장의 사정에 대응하는 행위를 말할 때 사용)

例）日本語能力試験 N1 の問題はとても難しい。そこで、説明がわかりやすい参考書を買ってみた。

2) 逆接 (역접)

- 「**しかし**」「（それ）にもかかわらず」･･･前の文から予想したこととは違う内容を言う場合
(앞 문장에서 예상한 것과 다른 내용을 말할 때 사용)

例）昨日は漢字の勉強を全くしませんでした。しかし、漢字のテストでは 100 点を取りました。

- 「**一方**」「**それに対して**」･･･前の文と対比させる場合 (앞 문장과 대비될 때 사용)

例）会話の授業はおもしろくて楽しい。一方、文型の授業は眠くて退屈だ。

3) 添加 (첨가)

- 「**そして**」「**その上**」「**さらに**」･･･前の文に加える場合 (앞 문장에 추가할 때 사용)

例）釜山外国語大学はとてもきれいな学校です。その上、学生達はみんないい子ばかりです。

- 「**また**」**※別の情報を加える(※다른 정보를 추가)**･･･前の文に**別の情報を**加える場合
(앞 문장에 **다른 정보를** 추가할 때 사용)

例）日本語能力試験は日本国内の数か所で行われます。また、同じ日に海外でも行われます。

4) 換言（①言い換え、②結論を言う）(환언 (①바꿔 말하기 ②결론을 말함))

- 「**つまり**(①②)」「**すなわち**(①)」・・・前の文をわかりやすく言い換える場合
  (앞 문장을 알기 쉽게 바꿔 말할 때 사용)
  例）ここの女子寮は男子禁制です。つまり、家族だとしても男性は立ち入ることができません。

- 「**例えば**」・・・例をあげる、具体的に説明する場合 (예를 들거나 구체적인 설명을 할 때 사용)
  例）韓国には辛くない食べ物もたくさんあります。例えば、サムゲタンやチャプチェなどです。

解答/해답 p.112

確認 1 <　>の中から最も適当な接続の言葉を選んで書いてみましょう。 ※ 同じものを２回使わない

(**확인 1** < >안에서 가장 적절한 접속의 말을 골라서 써 봅시다. ※ 같은 말을 2번 사용하지 않습니다.)

1. <そこで　したがって　例えば　しかし>

前の文 (앞문장)	接続詞 (접속사)	後の文 (뒷문장)
実験費は高い。		何度も失敗はできない。
		寄付を集めることにした。
		借金をするわけにはいかない。

2. <すなわち　一方　しかし　そのため>

前の文 (앞문장)	接続詞 (접속사)	後の文 (뒷문장)
私たちのチームは、今までとは実験方法を変えてみました。		結果は同じでした。
		A さんのチームは実験方法ではなく、実験の時期を変えました。
		かかった費用も時間も前回とは異なります。

3. <また　それに対して　その上　つまり>

前の文 (앞문장)	接続詞 (접속사)	後の文 (뒷문장)
永野さんは毎日２時間残業をしています。		１週間１０時間の残業です。
		土曜日にはボランティア活動をしています。
		休日出勤をすることも多いです。

確認 2 **以下は、履歴書の文章です。(　　)に入る接続詞を考えて書いてみましょう。** 解答/해답 p.112

(**확인 2** 아래는 이력서 문장입니다. (　　)에 들어갈 접속사를 생각해서 써 봅시다.)

学業以外で学生時代に力を注いだこと

私は大学の「野球サークル」での活動に力を注いできました。

初めは校内の大会に出るメンバーが足りないと、友人からの頼みで始めましたが、1 つずつしっかりアウトを取ったり、皆のヒットが繋いで得点する野球ならではのチームプレーが魅力的に感じ、入部を決めました。(　　　　　　)野球のルールも知らない上、途中から入部したため、最初の半年間は大学リーグの試合にも出られず、なかなかサークルに馴染めませんでした。(　　　　　　)早くサークルに馴染み、チームの一員になりたいと思い、そのための工夫をしました。まず、ルールを知るためにプロ野球の動画を観て勉強をし、また身長とスピードを生かし、外野守備を猛練習しました。(　　　　　　)飲み会や合宿など、全てのサークル活動に参加するようにしました。(　　　　　　)徐々に周りから認められるようになり、サークルもまた社会経験の一つだと実感しました。

このような経験は、普段は受け身の自分を大きく変え、主体的に行動をするきっかけになり、自分の努力次第で周りは十分変わることがわかりました。

補足 **接続詞でよくある質問（気になった人だけ読んでください）**

(**보충** 접속사에서 자주 하는 질문 (궁금한 사람은 읽어보세요.)

1) 「そのため、したがって、その結果」の違いは？ (「そのため、したがって、その結果」의 차이는?)

どれも、「前の文を原因・理由として、後のことが起きている場合」に使いますが、言葉のもっている意味(ニュアンス)が異なるので、使い方も微妙に違います。

(모두 다 「앞 문장이 원인・이유가 되어 뒤에 어떤 일이 일어나는 경우」에 사용합니다만, 말이 가지고 있는 의미(뉘앙스)가 다르므로 사용법도 조금씩 다릅니다.)

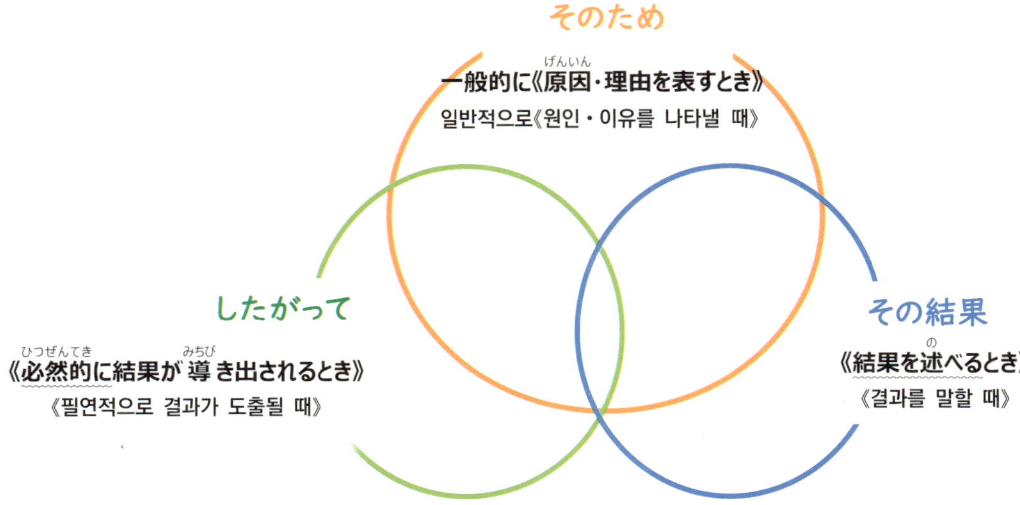

① **一般的に《原因・理由を表すとき》** (일반적으로《원인・이유를 나타낼 때》)

例）明日、重要な会議があります。**そのため**/~~したがって~~/~~その結果~~、今日は徹夜で会議資料を作成するつもりです。

例）最近、運動不足です。**そのため**/~~したがって~~/~~その結果~~、歩いて通学しています。

- ◆ 必然的に導き出される結果ではないので「したがって」は不自然。
  (필연적으로 도출되는 결과가 아니므로 「したがって」는 부자연스럽다)
- ◆ 結果ではなく、理由を表しているので「その結果」も不自然。
  (결과가 아닌 이유를 나타내고 있으므로「その結果」도 부자연스럽다)

② **《必然的に結果が導き出されるとき》** (《필연적으로 결과가 도출될 때》)

例）明日は先生がソウル出張です。そのため/**したがって**/~~その結果~~、明日の授業は休講です。

例）反対が過半数に達した。そのため/**したがって**/その結果、この法案は否決された。

③ **《結果を述べるとき》** (《결과를 말할 때》)

例）毎日1時間のジョギングを2カ月間、続けました。~~そのため~~/~~したがって~~/その結果、5キロの減量に成功しました。

2)「その上、さらに」の違いは？（「その上、さらに」(게다가)의 차이는?)

この二つは言い換えができますが、ニュアンスが少し違います。
(이 두 가지는 바꾸어 쓸 수 있지만 뉘앙스가 조금 다릅니다.)

例）釜山外国語大学はとてもきれいな学校です。Ⓐさらに/Ⓑその上、学生達はみんないい子ばかりです。

Ⓐ **さらに** ➡ **ニュアンス《似たようなことを加える》** 例では、釜山外大という同じ話題で内容を添加している
(뉘앙스《비슷한 것을 첨가할 때》 예문에서는 부산외대라는 같은 화제이지만 내용을 첨가하고 있음)

Ⓑ **その上** ➡ **ニュアンス《特別なことを加える》** 例では、添加された内容が特別な印象がある
(뉘앙스《특별한 것을 첨가할 때》 예문에서는 첨가된 내용이 특별한 인상을 줌)

※ **「その上」を使うときの制約(せいやく)** ☞《後に**「意志・依頼・命令」**の表現は来ない》
（**「その上」를 사용할 때의 제약** ☞《뒤에「의지・의뢰・명령」표현은 오지 않는다》）

例）まず、身長とスピードを生かし、外野守備を猛練習しました。~~その上~~、さらに、飲み会や合宿など、全てのサークル活動に参加するようにしました。

◆「参加するようにしました」と意志を表すので、「その上」を入れると不自然。ここは、「さらに」「また」「そして」が自然。
(「参加するようにしました」라는 의지를 나타내고 있으므로「その上」를 넣으면 부자연스럽다. 이 경우는「さらに」「また」「そして」가 자연스럽다)

接続の言葉：解答（접속하는 말 : 해답）

確認 1

1. <そこで　したがって　例えば　しかし>

前の文（앞문장）	接続詞（접속사）	後の文（뒷문장）
実験費は高い。	したがって	何度も失敗はできない。
	そこで	寄付を集めることにした。
	しかし	借金をするわけにはいかない。

2. <すなわち　一方　しかし　そのため>

前の文（앞문장）	接続詞（접속사）	後の文（뒷문장）
私たちのチームは、今までとは実験方法を変えてみました。	しかし	結果は同じでした。
	一方(しかし)	A さんのチームは実験方法ではなく、実験の時期を変えました。
	そのため	かかった費用も時間も前回とは異なります。

3. <また　それに対して　その上　つまり>

前の文（앞문장）	接続詞（접속사）	後の文（뒷문장）
永野さんは毎日２時間残業をしています。	つまり	１週間１０時間の残業です。
	また（その上）	土曜日にはボランティア活動をしています。
	その上（また）	休日出勤をすることも多いです。

確認 2

学業以外で学生時代に力を注いだこと

私は大学の「野球サークル」での活動に力を注いできました。

初めは校内の大会に出るメンバーが足りないと、友人からの頼みで始めましたが、1 つずつしっかりアウトを取ったり、皆のヒットが繋いで得点する野球ならではのチームプレーが魅力的に感じ、入部を決めました。（ しかし、 ）野球のルールも知らない上、途中から入部したため、最初の半年間は大学リーグの試合にも出られず、なかなかサークルに馴染めませんでした。（ そこで、 ）早くサークルに馴染み、チームの一員になりたいと思い、そのための工夫をしました。まず、ルールを知るためにプロ野球の動画を観て勉強をし、また身長とスピードを生かし、外野守備を猛練習しました。（ さらに / また / そして、 ）飲み会や合宿など、全てのサークル活動に参加するようにしました。（ その結果、 ）徐々に周りから認められるようになり、サークルもまた社会経験の一つだと実感しました。

このような経験は、普段は受け身の自分を大きく変え、主体的に行動をするきっかけになり、自分の努力次第で周りは十分変わることがわかりました。

02 敬語の基礎 (경어의 기초)

1. 敬語の種類 (경어의 종류)

種類 종류	説明 설명	形式 형식	例 예
尊敬語 존경어	相手を高めて直接的に尊敬の気持ちを表す。 ※相手や相手の行動に対して使う。 상대방을 높여 직접적으로 존경의 마음을 나타낸다. ※상대나 상대의 행동에 대해 사용)	① お+《ます形》+になる	・読む⇒お読みになる
		② 特別尊敬語 ⇒ ★特別な形 (특별 존경어 ⇒ ★특별한 형태)	
		③ ~れる/られる ※ ①②より程度の軽い尊敬語 (※ ①②보다 가벼운 정도의 존경어)	(1G)・書く⇒書かれる (2G)・教える⇒教えられる (3G)・来る⇒来られる /する⇒される
謙譲語 겸양어	相手を低めて間接的に尊敬の気持ちを表す。 ※自分や自分の行動に対して使う。 상대방을 낮추어 간접적으로 존경의 마음을 나타낸다. ※자신이나 자신의 행동에 대해 사용)	① 〔和語〕お+《ます形》+する 〔漢語〕お/ご+《漢字》+する (〔고유일본어〕お+《ます형》+する) (〔한자어〕お/ご+《한자》+する)	・読む⇒お読みする ・案内する⇒ご案内する
		② 特別謙譲語 ⇒ ★特別な形 (특별 겸양어 ⇒ ★특별한 형태)	
丁寧語 정중어	言葉をていねいにすることで、尊敬の気持ちを表す。 ※自分・相手のどちらのことにも使う。 (말을 정중히 함으로써 존경의 마음을 나타낸다. ※ 자신・상대방의 어느 쪽의 행동에 대해서도 사용)	・~です、ます ・~ございます	(名詞文)部長だ ⇒部長です ⇒部長でございます (存在文)1階にある ⇒1階にあります ⇒1階にございます (動詞文)入荷する ⇒入荷します
		・お/ご~ ※美化語(미화어)	・酒⇒お酒 ・宴会⇒ご宴会

使(つか)い分(わ)けルール (구분하는 규칙)

▶ 尊敬語・謙譲語の①と② (존경어・겸양어의 ①과 ②)

✓ **基本的(きほんてき)に、②(特別(とくべつ)な形(かたち))があれば、その特別(とくべつ)な形を使い、**②がなければ、①の形を使う。
(기본적으로 ② (특별한 형태)가 있으면 특별한 형태를 사용하고 ②가 없으면 ①의 형태를 사용)

✓ ただし、**例外(れいがい)**もある。(단, **예외**도 있다.)

例外1 :「食べる」「飲む」の尊敬語 ☞①②どちらも OK（○召(め)し上がる、○お食べになる・お飲みになる）
例外2 :「会う」の謙譲語 ☞①②どちらも OK（○お目にかかる、○お会いする）
例外3 :「聞く」の謙譲語 ☞①②どちらも OK（○伺う、○お聞きする）

▶ 尊敬語の③ (존경어③)

✓ 尊敬語の③（れる・られる）は、ほとんどの動詞に使うことができます。
(존경어③（れる・られる）는 거의 모든 동사에 사용하는 것이 가능합니다.)

例1 :「見る」の尊敬語(「見る」의 존경어)

☞ **②特別な形** : ○「**ご覧になる**」 ･･･ ①お～になる : × (お見になる)
③れる・られる : ○「**見られる**」

例2 :「買う」の尊敬語(「買う」의 존경어)

☞ ②特別な形 : × ･･･ **①お～になる** : ○「**お買いになる**」
③れる・られる : ○「**買われる**」

例3 :「見る」の謙譲語(「見る」의 겸양어)

☞ **②特別な形** : ○「**拝見する**」 ･･･ ①お/ご～する : × (お見する)

例4 :「呼ぶ」の謙譲語(「呼ぶ」의 겸양어)

☞ ②特別な形 : × ･･･ **①お/ご～する** : ○「**お呼びする**」

▶ ②特別な形（特別尊敬語・特別謙譲語）(특별한 형태 (특별 존경어・특별 겸양어)) 解答/해답 p.117

社長
사장

特別尊敬語 (특별 존경어)		特別謙譲語 (특별 겸양어)
いらっしゃる ／おいでになる	行く	①(　　　　)／(　　　　)
いらっしゃる ／おいでになる お見えになる／お越しになる	来る	
(②　　　　)／おいでになる	いる	(③　　　　)
(④　　　　)	食べる 飲む	(⑤　　　　)
(⑥　　　　)	言う	申し上げる／申す
ご存知だ	知っている	存じ上げる／存じる
ご覧になる	見る	(⑦　　　　)
	聞く	伺う／承る
	会う	(⑧　　　　)
お休みになる	寝る	
お召しになる	着る	
お亡くなりになる	死ぬ	
お住まいだ	住んでいる	
(⑨　　　　)	する	(⑩　　　　)
	あげる	さしあげる
	もらう	(⑪　　　　)
くださる	くれる	

私
나

▶ さらに・・・ 謙譲語は「**謙譲語Ⅰ**」「**謙譲語Ⅱ**」に分けられ、それぞれ効果が異なります。
(더불어…겸양어는 「**겸양어Ⅰ**」「**겸양어Ⅱ**」로 나누어지며 각각의 효과가 다릅니다.)

Ⅰ 動作を受ける**相手を立てる**（Ⅰ 동작을 받는 **상대를 높임**）

例）お知らせする（知らせる：《お～する》） ⇒ 私がお客様にお知らせします。
　　ご連絡する（連絡する：《ご～する》） ⇒ 私が部長にご連絡します。
　　伺う　（行く：《特別な形》） ⇒ 明日10時に、貴社に伺います。 ※ 貴社：相手の会社
　　申し上げる（言う：《特別な形》） ⇒ 私から、社長に申し上げます。

「① お/ご～する」
「② 特別な形」の一部
「② 특별한 형태」의 일부

注意 ☞☞ **相手がいない動作、相手を立てる必要がないときは使わない。**

(주의 ☞☞ **상대방이 없는 동작이나, 상대방을 높일 필요가 없을 때에는 사용하지 않는다.**)

例）いすにお座りする。（相手がいる？？）　後輩にお知らせしました。（後輩を立てる？？）

Ⅱ 聞き手に配慮して、**ただ 改まって言う**（丁重語）（Ⅱ 듣는 사람을 배려해서 **단지 정중하게 말함**(정중어)）

例）**参る**（行く：《特別な形》） ⇒ 出張で東京に参ります。
　　申す（言う：《特別な形》） ⇒ 永野亜季と申します。
　　存じている（知っている：《特別な形》） ⇒ その話については、存じています。
　　いたす（する：《特別な形》） ⇒ 一生懸命、努力いたします。

「② 特別な形」の一部のみ
「② 특별한 형태」의 일부만

※《特別な形》の詳しい分類・・・テキスト＜参考3＞「特別尊敬語・特別謙譲語（詳しい分類）」を参照
(※《특별한 형태》의 상세한 분류…교재＜참고3＞「특별 존경어・특별 겸양어 (상세한 분류)」를 참조)

確認 **動詞の部分を「尊敬語・謙譲語」の形に書きなおしなさい。〔練習の目的 ☞ 形の確認〕**

※ 考えられるものをすべて書いてみましょう

확인 동사부분을 「존경어・겸양어」의 형태로 다시 적어 보세요. 〔연습의 목적 ☞ 형태 확인〕

※ 가능한 것을 모두 적어 봅시다.)

解答/해답 p.117

社長の動作
사장의 동작

私(自分)の動作
나(자신)의 동작

尊敬語 (존경어)	謙譲語 (겸양어)
例) 社長が資料を見ます。 ⇒見られます/ご覧になります	例) 私が資料を見ます。 ⇒拝見します/拝見いたします
社長が７時に来ます。	私が７時に来ます。
社長が資料を説明します。	私が資料を説明します。
社長が手紙を書きます。	私が手紙を書きます。
社長がお客様に会います。	私がお客様に会います。

▶ **習慣として定着している二重敬語** (습관으로 정착된 이중경어)

✓ **「お/ご～いたす」 ・・・ (お/ご～する＋いたす)**

例) 課長には、私がお伝えいたします。

✓ **「お伺いする」「お伺いいたす」・・・ (伺う＋お/ご～する ＋いたす)**

例) 社長、明日は何時にお伺いしましょうか？

✓ **「お召し上がりになる」・・・ (召し上がる＋お～になる)**

例) 昨日は何をお召し上がりになりましたか？

敬語の種類：解答 (경어의 종류 : 해답)

② 特別な形（特別尊敬語・特別謙譲語）(특별한 형태 (특별 존경어・특별 겸양어))

特別尊敬語 (특별 존경어)		特別謙譲語 (특별 겸양어)
いらっしゃる ／おいでになる	行く	①(伺う)／(参る)
いらっしゃる ／おいでになる お見えになる／お越しになる	来る	
(② **いらっしゃる**)／おいでになる	いる	(③ **おる**)
(④ **召し上がる**)	食べる	(⑤ **いただく**)
	飲む	
(⑥ **おっしゃる**)	言う	申し上げる／申す
ご存知だ	知っている	存じ上げる／存じる
ご覧になる	見る	(⑦ **拝見する**)
	聞く	伺う／ 承る
	会う	(⑧ **お目にかかる**)
お休みになる	寝る	
お召しになる	着る	
お亡くなりになる	死ぬ	
お住まいだ	住んでいる	
(⑨ **なさる**)	する	(⑩ **いたす**)
	あげる	さしあげる
	もらう	(⑪ **いただく**)
くださる	くれる	

確認

尊敬語 (존경어)	謙譲語 (겸양어)
社長が７時に来ます。 いらっしゃいます／おいでになります お見えになります／お越しになります／来られます	私が７時に来ます。 伺います ・・・ 謙譲語 Ⅰ 参ります ・・・ 謙譲語 Ⅱ
社長が資料を説明します。 説明なさいます ／ 説明されます （△ ご説明になります ←あまり使わない）	私が資料を説明します。 ご説明します ・・・ 謙譲語 Ⅰ ご説明いたします 説明いたします ・・・ 謙譲語 Ⅱ
社長が手紙を書きます。 お書きになります 書かれます	私が手紙を書きます。 お書きします ・・・ 謙譲語 Ⅰ お書きいたします
社長がお客様に会います。 お会いになります 会われます	私がお客様に会います。 お目にかかります ・・・ 謙譲語 Ⅰ お会いします ・・・ 謙譲語 Ⅰ お会いいたします

2. 授受表現(あげる・もらう・くれる) (수수표현 (あげる・もらう・くれる))

❶ **自分が**(相手に)なにか**する**(して**あげる**)場合 (**자신이** (상대에게) 무엇인가를 **하다(해주다)**)

▶ **自分が「する」「してあげる」ときの一般的な表現** (자신이 「하는」「해 줄」 때의 일반적인 표현)

- **「お/ご～する** ※ 通常の謙譲語 (※ 평소 사용하는 겸양어)
- **「お/ご～いたす」** ※「お/ご～する」よりていねいな表現 (※「お/ご ～ する」보다 정중한 표현)

例)「もう遅いので、家まで送っ**てあげます**」⇒「もう遅いので、家まで**お**送り**します**。/**お**送り**いたします**。」

◆ **「～てあげる」→「～てさしあげる」 なんでダメ??** (「～てあげる」→「～てさしあげる」 왜 안되는가??)

例1)「もう遅いので、家まで送ってさしあげます。」・・・△恩着せがましい感じ

例2)(社員が上司に)「昨晩はA社の○○社長を、家まで送ってさしあげました。」・・・OK

「～てさしあげる」は、自分が誰かに対して恩恵を与えた行為について使い、**行為を押しつけるニュアンス**があるので、ビジネスの場ではあまり使わない(例1)。

ただし、当事者ではない目上の人に説明する場合は使う(例2)。

(「～てさしあげる」는 자신이 누군가에게 은혜를 준 행위에 대해 사용하며 **행위를 강요하는 뉘앙스**가 있으므로 비즈니스 상에서 거의 사용하지 않는다 (예1).
다만, 당사자가 아닌 윗사람에게 설명하는 경우에는 사용한다. (예2))

▶ **「許可を得たい」という気持ち、「相手のおかげでできる」という気持ちを含む場合**
(「허가를 얻고 싶다」라는 기분, 「상대방 덕분에 가능하다」라는 기분을 포함하는 경우)

- **「《使役形(사역형)》+(さ)せていただく」**

例)「パーティーには、喜んで出席します。」(する) ⇒「パーティーには、喜んで出席させていただきます。」

❷ **相手にしてもらう**場合 (**상대**가 **해 주어서 받는** 경우)

- **「～ていただく」** ※「～てもらう」のていねいな形 (※「～てもらう」의 정중한 형태)
- **「お/ご～いただく」** ※ よりていねいな表現 (※ 더욱 정중한 표현)

例)「さっそく注文してもらい、ありがとうございます。」(注文する)
⇒「さっそく_注文していただき_、ありがとうございます。」
⇒「さっそく_ご注文いただき_、ありがとうございます。」

例)「わざわざ来てもらい、申し訳ございません。」(来る)
⇒「わざわざ_来ていただき_、申し訳ございません。」
⇒「わざわざ_お越しいただき_、申し訳ございません。」

❸ **相手がしてくれる**場合 (**상대**가 **해 주는** 경우)

- **「～てくださる」** ※「～てくれる」のていねいな形 (※「～てくれる」의 정중한 형태)
- **「お／ご～くださる」** ※ よりていねいな表現 (※ 더욱 정중한 표현)

例)「さっそく資料を送ってくれて、ありがとうございます。」(送る)

⇒「さっそく資料を＿送ってくださり＿、ありがとうございます。」

⇒「さっそく資料を＿お送りくださり＿、ありがとうございます。」

例)「わざわざ来てくれて、申し訳ございません。」(来る)

⇒「わざわざ＿来てくださり＿、申し訳ございません。」

⇒「わざわざ＿お越しくださり＿、申し訳ございません。」

3. 確認問題 (확인 문제)

次の文をていねいな表現になおしなさい。 解答/해답 p.120
(다음 문장을 정중한 표현으로 고치세요.)

❶ (上司に)「昨日は残業のため、夜の11時まで会社にいました。」

❷ (取引先にメールで)「先週送ってあげた説明書の中に、誤りがあります。」

❸ (取引先にメールで)「先日、問い合わせてもらった資料を送ります。」

❹ (お客様にメールで)「登録内容で不明な点があります。都合がいいときに電話してくれない。」

》確認問題：解答 (확인 문제 : 해답)

❶ (上司に)「昨日は残業のため、夜の11時まで会社にいました。」

⇒ **おりました** ※「いる」の特別謙譲語

❷ (取引先にメールで)「先週送ってあげた説明書の中に、誤りがあります。」

⇒ **お送りした** ※「お／ご～する」の謙譲語 ⇒ **ございます** ※「ある」のていねい語

お送りいたしました ※「お／ご～いたす」の謙譲語

×送ってさしあげた

❸ (取引先にメールで)「先日、問い合わせてもらった資料を 送ります。」

⇒**お問い合わせいただいた** ※「お／ご～いただく」 ⇒ **お送りします** ※「お／ご～する」の謙譲語

お問い合わせくださった ※「お／ご～くださる」 **お送りいたします** ※「お／ご～いたす」の謙譲語

❹ (お客様にメールで)「登録内容で不明な点があります。

⇒(ご)登録内容 ⇒ **ございます** ※「ある」のていねい語

都合がいいときに電話してくれない。」

⇒**ご都合がよろしい** ⇒ **お電話いただけませんでしょうか**

※ 負担となる依頼、相手が社外・お客様

「お／ご～いただけませんでしょうか」

▶ **参考：依頼・お願いの「ていねい度」と「お願い度」による表現**

例：電話してほしい・・・

ていねい度 ↑

お電話いただけませんでしょうか
お電話いただけないでしょうか
(お電話くださいませんでしょうか)

お電話いただけますでしょうか
(お電話くださいますでしょうか)

お電話いただけませんか
(お電話くださいませんか)

お電話いただけますか
(お電話くださいますか)

当然のお願い
指示

お電話ください

電話してください

なにとぞ
何卒 / どうか

お電話いただけますよう、
よろしくお願い申し上げます
お電話くださいますよう、
よろしくお願い申し上げます

お電話いただけますよう、
よろしくお願いいたします
お電話くださいますよう、
よろしくお願いいたします

→ **お願い度 (お願いの強さ)**

参考 3 特別尊敬語・特別謙譲語（詳しい分類）
(특별 존경어 • 특별 겸양어 (상세한 분류))

特別尊敬語 특별 존경어	動詞 동사	特別謙譲語 특별 겸양어 (I) 動作の向かう先を立てるための謙譲語 (I) 동작이 향하는 곳을 높이기 위한 겸양어	特別謙譲語 특별 겸양어 (II)改まって伝えるための謙譲語(丁重語) (II) 격식차려 전달하기 위한 겸양어 (정중어)
いらっしゃる／おいでになる	行く	伺う (例)部長のお宅に伺います。 ※「目上の人のところに行く/来る/訪問する」 (※「손윗 사람이 있는 곳에 가다 / 오다 / 방문하다」)	参る (例)明日は東京に参ります。 ※「行く/来る」の改まった言い方 (※「行く/来る」의 격식차린 표현)
いらっしゃる／おいでになる お見えになる／お越しになる	来る	(上がる) (例)部長のお宅までお迎えに上がります。 ※「お・ご～に上がる」の形が多い (※「お・ご~に上がる」의 형태가 많다)	
いらっしゃる／おいでになる	いる		おる (例)休日は家におります。
召し上がる	食べる 飲む		いただく (例)おいしいディナーをいただきました。
おっしゃる	言う	申し上げる (例)課長にお礼を申し上げる。 ※「目上の人に何かを言う」 (※「손윗 사람에게 무언가를 말하다」)	申す (例)永野と申します。 ※「言う」の改まった言い方 (※「言う」의 격식차린 표현)
ご存知だ	知っている	存じ上げておる(いる) (例)永野社長のことは、よく存じ上げております。 ※「目上の人のことを知っている」 (※「손윗 사람을 알고 있다」)	存じておる(いる) (例)その件については、存じております。 ※「知っている」の改まった言い方 (※「知っている」의 격식차린 표현)
ご覧になる	見る	拝見する	
	聞く	伺う／承る／(拝聴する)	
	会う	お目にかかる (例)社長、来週、またお目にかかります。	
お休みになる	寝る		
お召しになる	着る		
お亡くなりになる	死ぬ		
お持ちになる	持って行く 持って来る	お持ちする (例)お客様、おかばんは私がお持ちします。	
お住まいだ	住んでいる		
なさる	する		いたす (例)資料の説明をいたします。
	あげる	さしあげる (例)先生に花束をさしあげました。	
	もらう	いただく (例)先生からお菓子をいただきました。	
くださる	くれる		

参考 4　就職活動でよく使う日本語 (취업활동에서 자주 사용되는 일본어)

確認問題　**学生がよく間違える表現**　(**확인문제** 학생들이 자주 틀리는 표현)　解答/해답 p.127～

韓国でよく使われる表現や単語を、そのまま日本語にしてはいけないものがあります。また、略語も基本的には使いません。そのような、韓国人学生がよく間違える表現や単語をまとめました。

(한국에서 자주 사용되는 표현이나 단어를 그대로 일본어로 하면 안 되는 것이 있습니다. 또한, 생략어도 기본적으로는 사용하지 않습니다. 이와 같이, 한국인 학생이 자주 틀리는 표현과 단어를 정리했습니다.)

▶ 単語 (단어)

カタカナ (가타카나)

サービスマインド

・**サービスマインド**を持った、客室乗務員になりたいです。

→ ＿＿＿＿＿＿を持った、客室乗務員になりたいです。

AS

・御社は **AS** がとても充実していると聞いたことがあります。

→ 御社は＿＿＿＿＿＿がとても充実していると聞いたことがあります。

マート

・私は週 3 回、**マート**でアルバイトをしています。

→ 私は週 3 回、＿＿＿＿＿＿でアルバイトをしています。

略語 (생략어)

コンビニ、バイト

・去年の 7 月から、**コンビニ**で**バイト**をしています。

→ 去年の 7 月から、＿＿＿＿＿＿で＿＿＿＿＿＿をしています。

ワーホリ

・私は 1年間、**ワーホリ**で日本に住んでいました。

→ 私は 1年間、＿＿＿＿＿＿で日本に住んでいました。

形容詞・副詞など (형용사・부사 등)

多様な (다양한) ※ 直訳 × (※ 직역 ×)

- **多様な**勉強をしました。 → ____________________勉強をしました。

多い (많은) ※「多い」→い形容詞の中でも例外 (※「多い」→い형용사 중에서도 예외)

- **多い**ゲームソフトがあります。 → ____________ゲームソフトがあります。

やさしく (쉽게) ※ 直訳 × (※ 직역 ×)

- **やさしく**諦めません。 → ____________諦めません。

～やすい (~하기 쉽다/간단하다)

※「やすい」⇒「安い」を思い浮かべる人が多い (※「やすい」⇒「安い」를 떠올리는 사람이 많다)

- どこに行っても、適応することが**やすい**です。 → どこに行っても、____________です。
- 私はインターネットで**やすく**検索できます。 → 私はインターネットで____________検索できます。

もっと関心がある (더 관심이 있다) ※ 直訳 × (※ 직역 ×)

- 広告の分野に**もっと**関心があります。 → 広告の分野に____________関心があります。

たくさん関心がある (많은 관심이 있다) ※ 直訳 × (※ 직역 ×)

- MICE産業にたくさん関心があります。 → MICE産業に____________関心があります。

続けて (계속해서) ※ 直訳 × (※ 직역 ×)

- 日本の小説が**続けて**好きでした。 → 日本の小説が____________好きでした。

熱心に (열심히)

※「熱心に」は、自分については使わず他人について使う

(※「熱心に」는 자신에 대해서 사용하지 않고 다른 사람에 대해서 사용한다)

- 私はいつも**熱心に**努力しました。 → 私はいつも____________努力しました。

動詞 (동사)

～が不足する (~이/가 부족하다)　※ 直訳 × (※ 직역 ×)

・リーダーシップ**が不足します**。

→ リーダーシップ**が**＿＿＿＿＿＿＿＿＿＿。

・社交性**が不足します**。

→ 社交性**が**＿＿＿＿＿＿＿＿＿＿＿＿。

～を受ける (~을/를 받다)

※ 賞や点数などの場合、「受ける」は使わない

(※ 상이나 점수 등의 경우 「受ける」는 사용하지 않는다)

・賞を**受けました**。

→賞を＿＿＿＿＿＿＿＿＿。

・100点を**受けました**。

→100点を＿＿＿＿＿＿＿＿＿。

～をもらう (~을/를 받다)

※ 授業／講義／研修などの場合、「もらう」は使わない

(※ 수업／강의／연구 등의 경우 「もらう」는 사용하지 않는다)

・ホテル業務に関する授業を**もらいました**。

→ホテル業務に関する授業を＿＿＿＿＿＿＿＿＿。

助けになる (도움이 되다)　※ 直訳 × (※ 직역 ×)

・日本のテレビドラマを見ることは、日本語の勉強の**助けになりました**。

→日本のテレビドラマを見ることは、日本語の勉強の＿＿＿＿＿＿＿＿＿＿＿。

名詞 (명사)

自信感 (자신감)　※ 直訳 × (※ 직역 ×)

・自信感があります。

→ ＿＿＿＿＿＿があります。

資格証 (자격증)　※ 直訳 × (※ 직역 ×)

・次の目標は、IT に関する資格証を取得することです。

→ 次の目標は、IT に関する＿＿＿＿＿＿を取得することです。

学点 (학점)　※ 直訳 × (※ 직역 ×)

・学点の心配はありません。

→ ＿＿＿＿＿＿の心配はありません。

長点、短点 (장점, 단점)　※ 直訳 × (※ 직역 ×)

・私の長点は、集中力があるところです。

→ 私の＿＿＿＿＿＿は、集中力があるところです。

・しかし、集中しすぎると周りが見えなくなることがあり、それが私の短点です。

→ しかし、集中しすぎると周りが見えなくなることがあり、それが私の＿＿＿＿＿＿です。

熱情 (열정)　※ 直訳 × (※ 직역 ×)

・何事にも、熱情を持って仕事をします。

→ 何事にも、＿＿＿＿＿＿を持って仕事をします。

因縁 (인연)　※ 日本で「因縁」は、良くない縁のことを言う場合が多い
(※ 일본에서 「인연」은 좋지 않은 연(악연)을 말하는 경우가 많다)

・貴社とは不思議な因縁があります。

→貴社とは不思議な＿＿＿＿＿＿があります。

表現 (표현)

名詞の代わりの「の」 (명사 대신 사용하는 「の」)

・日本での生活に慣れる**の**が大変でした。

→ 日本での生活に＿＿＿＿＿＿が大変でした。

・私は腕力に自信があり、どんなに重い**の**でも持ち上げることができます。

→ 私は腕力に自信があり、どんなに＿＿＿＿＿＿でも持ち上げることができます。

▶ **《可能形(かのうけい)》+ようになる**　(意味：今までできなかったことが、**できるようになる**)
《가능형》+ようになる (뜻: 지금까지 못했던 일이 **가능하게 됨**)

× 《辞書形(じしょけい)(사전형)》+ようになる	例）日本語の小説(しょうせつ)を**読む**ようになりました。
○ **《可能形(かのうけい)(가능형)》**+ようになる	例）日本語の小説が**読める**ようになりました。

(1) パワーポイントを上手(じょうず)に**使(つか)う**ようになりました。

→パワーポイントを上手(じょうず)に＿＿＿＿＿ようになりました。

(2) 日本語のニュースも、**聞(き)きとる**ようになりました。

→日本語のニュースも、＿＿＿＿＿ようになりました。

(3) 日本語のビジネス会話を勉強したので、電話(でんわ)の応対(おうたい)も**する**ようになりました。

→日本語のビジネス会話を勉強したので、電話(でんわ)の応対(おうたい)も＿＿＿＿＿ようになりました。

就職活動でよく使う日本語：解答 (취업활동에서 자주 사용되는 일본어 : 해답)

▶ 単語 (단어)

カタカナ (가타카나)

サービスマインド

- **サービスマインド**を持った、客室乗務員になりたいです。

→ **サービス精神**を持った、客室乗務員になりたいです。

> **補足**(보충)
>
> **よく使う表現**(자주 쓰는 표현)
>
> - サービス精神
> - おもてなしの心
> - ホスピタリティ・マインド

AS

- 御社は **AS** がとても充実していると聞いたことがあります。

→ 御社は**アフターサービス**がとても充実していると聞いたことがあります。

マート

- 私は週３回、**マート**でアルバイトをしています。

→ 私は週３回、**スーパー**でアルバイトをしています。

略語 (생략어)

コンビニ、バイト

- 去年の７月から、**コンビニ**で**バイト**をしています。

→ 去年の７月から、**コンビニエンスストア**で**アルバイト**をしています。

ワーホリ

- 私は１年間、**ワーホリ**で日本に住んでいました。

→ 私は１年間、**ワーキングホリデー**で日本に住んでいました。

形容詞・副詞など (형용사・부사 등)

多様な (다양한) ※ 直訳 ×（※ 직역 ×）

- **多様な**勉強をしました。 → **いろいろな(色々な)**／**様々な**勉強をしました。

> × いろんな ・・・話し言葉(회화체)

多い (많은) ※「多い」→い形容詞の中でも例外 （※「多い」→い형용사 중에서도 예외）

- **多い**ゲームソフトがあります。 → **多くの**／**たくさんの**ゲームソフトがあります。

やさしく (쉽게) ※ 直訳 × (※ 직역 ×)

- **やさしく**諦めません。 → 簡単に諦めません。

～やすい (~하기 쉽다/간단하다)

※「やすい」⇒「安い」を思い浮かべる人が多い　(※「やすい」⇒「安い」를 떠올리는 사람이 많다)

- どこに行っても、適応することが**やすい**です。

→ どこに行っても、適応しやすい　です。

- 私はインターネットで**やすく**検索できます。

→ 私はインターネットで簡単に　検索できます。

強調なら(강조의 경우)

「**もっと**関心がある」

⇒ 非常に/大変/とても/大きな　関心がある

比較なら(비교의 경우)

「**(A よりも B の方が) もっと**関心がある」

⇒ より／さらに　関心がある

もっと関心がある (더 관심이 있다) ※ 直訳 × (※ 직역 ×)

- 広告の分野に**もっと**関心があります。

→ 広告の分野に非常に／大変／とても／大きな関心があります。

たくさん関心がある (많은 관심이 있다) ※ 直訳 × (※ 직역 ×)

- MICE産業にたくさん関心があります。

→ MICE産業に非常に／大変／とても／大きな　関心があります。

続けて (계속해서) ※ 直訳 × (※ 직역 ×)

- 日本の小説が**続けて**好きでした。

→ 日本の小説が　ずっと　好きでした。

熱心に (열심히)

※「熱心に」は、自分については使わず他人について使う

(※「熱心に」는 자신에 대해서 사용하지 않고 다른 사람에 대해서 사용한다)

- 私はいつも**熱心に**努力しました。

→ 私はいつも　一生懸命(に)　努力しました。

動詞 (동사)

～が不足する (~이/가 부족하다)　※ 直訳 × (※ 직역 ×)

・リーダーシップ**が不足します**。

→ リーダーシップが**足りません**。

・社交性**が不足します**。

→ 社交性が**足りません**／**に欠けています**。

～を受ける (~을/를 받다)

※ 賞や点数などの場合、「受ける」は使わない

(※ 상이나 점수 등의 경우 「受ける」는 사용하지 않는다)

・賞を**受けました**。

? **受賞しました** ･･･自分をほめるイメージ (자신을 칭찬하는 이미지)

→賞を**取りました**／**もらいました（いただきました）**。

・100点を**受けました**。

→100 点を**取りました**／**もらいました**。

～をもらう (~을/를 받다)

※ 授業／講義／研修などの場合、「もらう」は使わない

(※ 수업/강의/연구 등의 경우 「もらう」는 사용하지 않는다)

・ホテル業務に関する授業を**もらいました**。

→ホテル業務に関する授業を**受けました**／**受講しました**。

助けになる (도움이 되다)　※ 直訳 × (※ 직역 ×)

・日本のテレビドラマを見ることは、日本語の勉強の**助けになりました**。

→日本のテレビドラマを見ることは、日本語の勉強の**役に立ちました**。

名詞 (명사)

自信感 (자신감) ※ 直訳 × (※ 직역 ×)

・ 自信感があります。

→ **自信**があります。

資格証 (자격증) ※ 直訳 × (※ 직역 ×)

・ 次の目標は、IT に関する資格証を取得することです。

→ 次の目標は、IT に関する**資格**を取得することです。

学点 (학점) ※ 直訳 × (※ 직역 ×)

・ 学点の心配はありません。

→ **単位**の心配はありません。

長点、短点 (장점, 단점) ※ 直訳 × (※ 직역 ×)

・ 私の長点は、集中力があるところです。

→ 私の**長所**は、集中力があるところです。

・ しかし、集中しすぎると周りが見えなくなることがあり、それが私の短点です。

→ しかし、集中しすぎると周りが見えなくなることがあり、それが私の**短所**です。

熱情 (열정) ※ 直訳 × (※ 직역 ×)

・ 何事にも、熱情を持って仕事をします。

→ 何事にも、**情熱**を持って仕事をします。

因縁 (인연) ※ 日本で「因縁」は、良くない縁のことを言う場合が多い

(※ 일본에서 「인연」은 좋지 않은 연(악연)을 말하는 경우가 많다)

・ 貴社とは不思議な因縁があります。

→貴社とは不思議な**縁**があります。

表現 (표현)

名詞の代わりの「の」 (명사 대신 사용하는 「の」)

・ 日本での生活に慣れる**の**が大変でした。

→ 日本での生活に慣れる**こと**が大変でした。

・ 私は腕力に自信があり、どんなに重いのでも持ち上げることができます。

→ 私は腕力に自信があり、どんなに重い**もの**でも持ち上げることができます。

▶ 《可能形(かのうけい)》＋ようになる　(意味：今までできなかったことが、**できるようになる**)
《가능형》+ようになる (뜻: 지금까지 못했던 일이 **가능하게 됨**)

× 《辞書形(じしょけい)(사전형)》＋ようになる	例）日本語の小説(しょうせつ)を**読む**ようになりました。
○ **《可能形(かのうけい)(가능형)》**＋ようになる	例）日本語の小説が**読める**ようになりました。

(1) パワーポイントを上手(じょうず)に**使(つか)う**ようになりました。
→パワーポイントを上手(じょうず)に**使える**ようになりました。

(2) 日本語のニュースも、**聞(き)きとる**ようになりました。
→日本語のニュースも、**聞きとれる**ようになりました。

(3) 日本語のビジネス会話を勉強したので、電話(でんわ)の応対(おうたい)も**する**ようになりました。
→日本語のビジネス会話を勉強したので、電話(でんわ)の応対(おうたい)も**できる**ようになりました。

03 ビジネスメール (비즈니스 메일)

1. E メールのメリット・デメリット (이메일의 장점・단점)

仕事で E メールを使う 、メリット（良いところ）とデメリット（気をつける点）を考えてみましょう。
(업무로 이메일을 사용하는 장점(좋은 점)과 단점(조심할 점)을 생각해 봅시다.) 解答のヒント/해답힌트 p.133

メリット (장점)	デメリット (단점)

これらのメリット・デメリットを踏(ふ)まえ、適切(てきせつ)に E メールを活用しましょう！
(이것들의 장점・단점을 살려서 이메일을 적절하게 활용합시다！)

Eメールのメリット・デメリット：解答のヒント
(이메일의 장점・단점 : 해답 힌트)

メリット (장점)	デメリット (단점)
・相手が都合の良い時間に読むことができる。 ・送った内容が**記録に残る**。 ・情報を整理してから送ることができる。 ・同時に多くの人に送ることができる。 ・상대방이 편한 시간에 읽을 수 있다. ・보낸 내용이 **기록에 남는다.** ・정보를 정리하고 나서 보낼 수 있다. ・동시에 많은 사람에게 보낼 수 있다.	・いつ読んでもらえるかわからない。読まないかもしれない。(必ず伝えられる手段ではない) ➡「**緊急時、重要な内容、おわび**」にはあまり向いていない。 ・内容に間違いがあったとき、訂正がすぐできない。訂正メールを送ることも面倒。 ・**文字だけのコミュニケーション**なので、**誤解される**など、**感情的なトラブル**が起こりやすい。 ➡**慎重に、よく確認**をして送ること！ ・상대방이 언제 읽을지 알 수 없다. 읽지 않을 수도 있다.(반드시 전달되는 수단은 아니다.) ➡「**긴급 시, 중요한 내용, 사과**」에는 적합하지 않다. ・내용이 잘못되었을 경우, 즉시 수정할 수 없다. 수정 메일을 보내는 것도 번거롭다. ・**문자로만 소통하기 때문에 오해를 사거나 감정적인 문제**가 발생하기 쉽다. ➡**신중하게 잘 확인**하고 나서 보낼 것！

2. ビジネスメールの書き方 (비즈니스 메일 작성법)

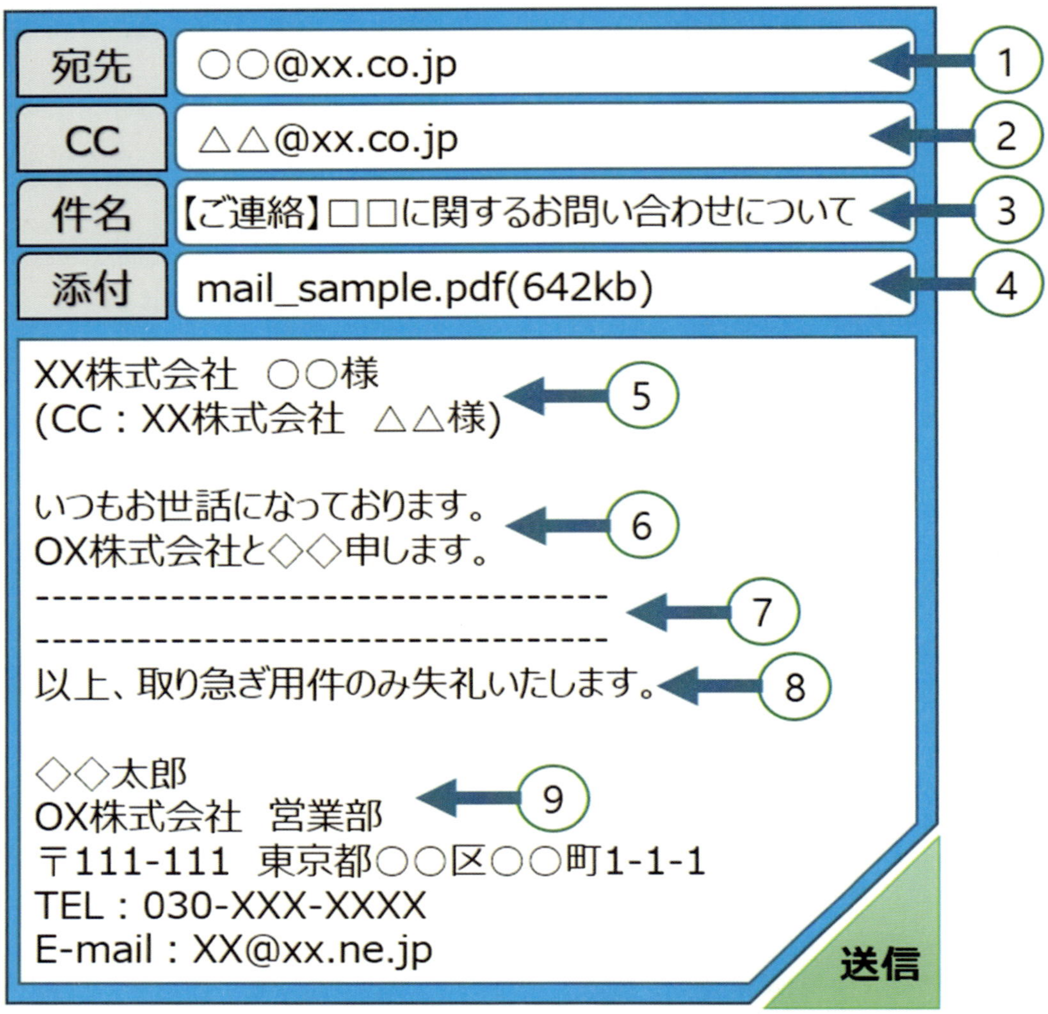

❶ 宛先 (수신자)

- 宛先は、メールの送信先アドレスを入力します。
- 登録してあるものをアドレス帳(メールの連絡先リスト)から使ってもかまいませんが、登録名がメールの相手にも見えてしまうので、「○○様」のように敬称をつけて登録しましょう。

- 수신자에는 메일 발송처(받는사람) 주소를 입력합니다.
- 등록되어 있는 메일을 주소록(메일 연락처 리스트)에서 사용해도 좋지만, 등록명이 메일 상대방에게도 보이므로 「○○様」와 같이 존칭을 붙여서 등록합시다.

❷ ＣＣ（ＢＣＣ）

- 宛先以外で、その用件(ようけん)を参考(さんこう)までに知らせておきたい場合に使います。
  수신자 외에, 그 용건을 참고해서 알리고 싶은 경우에 사용합니다.

- ＣＣ：Ｃａｒｂｏｎ Ｃｏｐｙ
  ⇒ 宛先に指定した相手にも、ＣＣに誰が入っているか（誰に送信しているか）が分かります。
  ⇒ 수신자로 지정된 상대방도 CC에 누가 들어가 있는지(누구에게 발송하는지)를 알 수 있습니다.

- ＢＣＣ：Ｂｌｉｎｄ Ｃａｒｂｏｎ Ｃｏｐｙ
  ⇒ＢＣＣに指定したアドレスは、宛先に指定した相手からは見えません。
  （誰に送ったか知られたくない時に使います。）
  ⇒ＢＣＣ로 지정한 메일은, 수신자로 지정된 상대방에게는 보이지 않습니다.
  (누구에게 보냈는지 알리고 싶지 않을 때 사용합니다.)

❸ 件名(けんめい)（제목）

- 件名はシンプル、かつ見ただけで内容が分かるように具体的(ぐたいてき)に書きます。
  (제목은 간단하고 보는 것 만으로도 내용을 알 수 있도록 구체적으로 작성합니다.)
- **日付(ひづけ)**や**キーワード**を入れると分かりやすいです。(**날짜**와 **키워드**를 넣으면 알기 쉽습니다.)

  ⇒ 例）×「会議について」(「회의에 대해서」)
  ↑何をどうしたいのかがわからない・・・（무엇을 어떻게 하고 싶은지 모름・・・）

  ○「【ご連絡】11 月 1 日の会議延期について」(「【연락】11 월 1 일 회의 연기에 대해」)
  ↑どうするのか(目的) ↑何を
  (어떻게 할 것인가(목적)) (무엇을)

  ○「11 月 1 日の会議延期のお知らせ」(「11 월 1 일 회의 연기 알림」)
  ↑何を（무엇을） ↑どうするのか(目的) (어떻게 할 것인가(목적))

❹ 添付ファイル（첨부파일）

- 添付ファイルを送る時は、本文(ほんぶん)に、ファイルを添付(てんぷ)することを必ず書きます。
  ⇒ 例）「▲▲に関する資料を添付ファイルにてお送りします。」
- 相手が読めるファイル形式(けいしき)で送ること。（※ 日本へハングルファイルを送ってはいけません！！）
- 첨부파일을 보낼 때는, 본문에 파일을 첨부한다는 것을 반드시 씁니다.
  ⇒ 예)「▲▲에 관한 자료를 첨부 파일로 보냅니다.」
- 상대방이 읽을 수 있는 파일 형식으로 보낼 것.(※ 일본에 한글 파일을 보내서는 안됩니다 ! !)

❺ 相手の名前 (상대방의 이름)

- 相手の「所属（会社名・部署名）、役職、名前」を書きます。
  (상대방의 「소속(회사명・부서명), 직책, 이름」을 씁니다.)

例）

株式会社東京物産 (주식회사 도쿄물산)
第一営業部部長 (제 1 영업부 부장)
鈴木宏　様 (鈴木宏 님)

- 初めて送るメールで担当者の名前がわからない時は、「ご担当者様」と書けばＯＫ
  (처음 메일을 보내는 경우 담당자 이름을 모를 때는 「ご担当者様(담당자 분)」이라고 쓰면 ＯＫ)

❻ あいさつ (인사)

- 最初に簡単なあいさつ文を書きましょう。
  例）「**いつもお世話になっております。**」（一般的なあいさつ）
  「**先日はお時間をいただき、ありがとうございました。**」（訪問後のメールで）
  「**先日は大変お世話になり、ありがとうございました。**」
  「**ご無沙汰しております。**」（最近連絡をとっていなかった人へ）
  「**お疲れさまです。**」（社内メールで）

- 처음에 간단한 인사문을 씁시다.
  예）「**늘 신세를 지고 있습니다.**」(일반적인 인사)
  「**일전에는 시간을 내어 주셔서 감사했습니다.**」(방문 후 메일에서)
  「**일전에는 매우 큰 신세를 져서 감사했습니다.**」
  「**그간 격조했습니다.**」(최근 연락을 하지 않은 사람에게)
  「**수고하셨습니다.**」(사내 메일에서)

❼ 本文（用件）(본문(용건))

- 用件はなるべく短く、要点をまとめて書くこと。（용건은 가급적이면 짧게, 요점을 요약해서 쓸 것.）
- 段落の最初の一文字を空ける必要はありません。（단락 처음에 띄어쓰기를 할 필요는 없습니다.）

⑧ 結びの文 (맺음말)

- 特に文章そのものに意味はありませんが、**あいさつとして入れた方が礼儀正しい**メールになります。
  (특히 문장 그 자체의 의미는 없지만, **인사로써 넣는 편이 예의 바른** 메일이 됩니다.)
  ⇒ 例)「以上、よろしくお願いいたします。」 예)「이상, 잘 부탁 드리겠습니다.」

以上 **では** **今後とも**	+	**(どうぞ)** **(何卒)**	+	**よろしくお願いいたします。**
以上 **取り急ぎ**	+	**ご連絡まで。** **お知らせいたします。** **用件のみ失礼いたします。**		

⑨ 自分の名前（署名）(자신의 이름(서명))

- 誰からのメールかわかるように、自分の名前はメールの最初（あいさつの後）か最後に必ず書くこと。
- 書き忘れがないように、署名をつけておくのもよいでしょう。
- 署名は「**会社名、部署名、氏名、メールアドレス、電話番号、ＦＡＸ番号**」などです。
  社外の人に送るメールには「**会社の住所、**郵便番号」も書きましょう。

- 누가 보낸 메일인지 알 수 있도록, 자신의 이름은 메일 제일 처음(인사 다음)또는 가장 마지막에 반드시 쓸 것.
- 쓰는 것을 잊지 않도록, 서명을 넣어 두는 것도 좋겠습니다.
- 서명은 「**회사명, 부서명, 이름, 메일 주소, 전화번호, ＦＡＸ번호**」 등 입니다.
  사외의 사람에게 보내는 메일에는 「**회사 주소**, 우편번호」도 씁시다.

例) 社外 (예) 사외)

> 株式会社 プサン商事 第一営業部 洪吉同（ホン・ギルドン）
> 〒111-xxx 東京都 ○○区 △△1-1-1
> E-mail: △△△@xx.co.jp
> TEL: 03-2222-XXXX FAX: 03-3333-XXXX

▶ その他の注意点 (그 외의 주의점)

メールを返信する時 (메일에 답장할 때)

- 相手からのメールに返信をするときの**件名は書きかえなくてもよい**です。

  例）相手からのメールの件名「11 月 1 日の会議延期について」

  　→相手に返信するメールの件名「Ｒｅ：11 月 1 日の会議延期について」 **Reply**

- 引用する場合は、相手の文章を変えてはいけません。（※ 失礼になります）
- 引用する文は読みやすくするために、用件に関係ある文だけにして関係ない文は削除しましょう。

- 상대방으로부터의 메일에 답장을 할 때는 **제목은 고쳐 쓰지 않아도 됩니다.**

  예) 상대방의 메일 제목「11월 1일 회의 연기에 대해서」

  　→ 상대방에게 답장하는 메일 제목「Ｒｅ：11월 1일 회의 연기에 대해서」 **Reply**

- 인용할 경우에는 상대방의 문장을 바꾸어서는 안됩니다. (※ 실례가 됩니다)
- 인용할 문장은 읽기 쉽도록 용건에 관련이 있는 문장만으로 하고 관련이 없는 문장은 삭제합시다.

メールを転送する時 (메일을 전송할 때)

- 自分に送られてきたメール情報を他の人にも知っておいてほしい場合などに、そのメールをそのまま送ることがあります。件名に「Ｆｗ：」のマークがつきます。 **Forward**
- 転送する時は、なぜ転送するのか、理由を一言書くこと。

  ⇒ 例）「会議日程について周知がありましたので、転送します。」

- 자신이 받은 메일 정보를 다른 사람에게 알리고 싶을 경우에, 그 메일을 그대로 보내는 경우가 있습니다. 제목에 「Ｆｗ：」표시가 붙습니다. **Forward**
- 전송할 경우에는 왜 전송하는지에 대한 이유를 한 마디 쓸 것.

  예)「회의 일정에 대해 공지사항이 있어 전송합니다.」

練習 1 まずはビジネスメールを書いてみよう＜資料の送付＞

(연습 1 우선 비즈니스 메일을 써 보자 〈자료 송부〉)

〔**練習の目的** ☞ 形式の確認、「社外メール・添付ファイル」の場合、件名のつけ方、表現〕
(〔**연습 목적** ☞ 형식 확인, 「사외 메일・첨부 파일」의 경우, 제목 쓰는 법, 표현〕)

あなたは株式会社プサン商事第一営業部の社員です。
株式会社東京物産 経営戦略部 戦略一課 渡辺涼子課長に社外メールを送ろうとしています。
内容は、昨日、渡辺課長から電話で問い合わせがあった商品の説明資料をメールで送るというものです。
問い合わせについてのお礼とともに、メール文書を作成してみましょう。

(당신은 주식회사 부산상사 제 1 영업부 사원입니다.
주식회사 도쿄물산 경영전략부 전략 1 과 渡辺涼子 과장에게 사외 메일을 보내려고 합니다.
내용은 어제 와타나베(渡辺) 과장이 전화로 문의한 상품 설명자료를 메일로 보내는 것입니다.
문의에 대한 예의를 갖추어 메일 문서를 작성해 봅시다.)

宛先(수신자) : 渡辺涼子様＜watanabe△△@xx.co.jp＞
件名(제목) :
添付(첨부) : 商品説明(20XX).pdf

練習 2 ていねいなメール文に直してみよう <訪問のお礼> ※ ビジネス敬語のウチとソト

(**연습 2** 정중한 메일 문장으로 고쳐 보자<방문에 대한 예의/감사> ※ 비즈니스 경어인 우치(내부)와 소토(외부))

〔**練習の目的** ☞ 敬語(ウチソト)の確認、「お礼」の場合、件名のつけ方、表現〕

(〔**연습 목적** ☞ 경어(우치・소토)확인,「예의/감사」의 경우, 제목 쓰는 법, 표현〕)

次のメールは「訪問のお礼」の内容を書いたものです。

「ビジネス敬語のウチとソト」を意識しながら、同じ内容で、ていねいなメール文書に直してみましょう。

(다음 메일은「방문에 대한 예의/감사」 내용을 쓴 것입니다.

「비즈니스 경어의 우치와 소토」를 의식하면서 같은 내용으로 정중한 메일 문서로 고쳐 봅시다.)

宛先：山田 <yamada△△@xx.co.jp>

件名：打合せありがとうございました（プサン商事 ホン）

添付：-

株式会社 ABC コンサル
山田健二　様

お世話になってます。
プサン商事第一営業部のホンです。

先日は、忙しいところ打合せの時間をもらい、ありがとうございました。
山田さんの貴重な話を聞くことができて感謝しています。

会社に帰ってから、うちの加藤部長に打ち合わせ内容について報告したところ、
特に山田さんが言っていた販売戦略について、
部長もすごいアイディアだとおっしゃっていました。
また、参考資料もいっぱいもらい、これからの業務改善に役立てたいと思います。

これからも、いろいろと教えてくれるようお願いします。

以上 、取り急ぎ、礼を言います。

株式会社プサン商事　第一営業部　洪吉同（ホン・ギルドン）
〒111-xxx 東京都 ○○区 △△1-1-1
E-mail: △△△@xx.co.jp
TEL: 03-2222-XXXX
FAX: 03-3333-XXXX

トピック ビジネス敬語のルール（주제 비즈니스 경어 규칙）

▶「社内」がウチで、「社外(取引先、お客様など)」がソト。(「사내」는 우치, 「사외(거래처, 고객 등)」은 소토.)

※ 日本の社会では、自分が属するグループ(ウチ)とその外(ソト)とで、態度や言葉遣いを変えます。
基本的に、ソトの人には敬語を使います。

(※ 일본 사회에서는 자신이 속한 그룹(우치)와 그 외(소토)에 따라 태도나 언어 사용을 바꿉니다.
기본적으로 소토의 사람에게는 경어를 사용합니다.)

▶ だれにいつ敬語を使う？(누구에게 언제 경어를 사용하는가?)

❶ 年上・年下に関係なく、**社外の人(取引先、お客様など)**にはいつも敬語を使う。

❷ 年上・年下に関係なく、**社内の上司・先輩**には敬語を使う。

※ 後輩・部下に尊敬語・謙譲語は使わなくてもよいが、ていねいな言葉(です・ます)で話すこと。

❸ 社外(ソト)の人と話をする時、「社内(ウチ)のこと」は【謙譲語】（または敬語なし）を使う。

❶ 연상・연하 상관없이, **사외 사람(거래처, 고객 등)**에게는 항상 경어를 사용한다.

❷ 연상・연하 상관없이, **사내 상사・선배**에게는 경어를 사용한다.

※ 후배・부하에게 존경어・겸양어는 사용하지 않아도 되지만 정중한 말(です・ます)로 말할 것.

❸ 사외(소토)의 사람과 이야기 할 때「사내(우치)」는【겸양어】(또는 경어 생략)를 사용한다.

例 [上司の山下課長について、社外の人に話をする。]

(예 [상사인 山下 과장님에 대해 사외 사람에게 이야기를 한다.])

× 「山下課長はあいにく外出していらっしゃいます。」

○ 「山下はあいにく外出しております。」

▶ 「社内(ウチ)」と「社外(ソト)」で呼び方を使い分ける

(「사내(우치)」와「사외(소토)」에 따라 호칭을 구분해서 사용한다.)

	自分の会社(ウチ)【謙譲語】 자신의 회사(우치)【겸양어】		相手の会社(ソト)【尊敬語】 상대방 회사(소토)【존경어】	
会社 회사	**弊社**、当社		御社、**貴社**	
人 사람	～の者	(例：担当の者)	～の方	(例：ご担当の方)
個人名 개인명	○○	(例：高橋)	○○様 ○○さん	(例：山崎様) (例：山崎さん)
役職者 직책명	**《役職名**(직책명)**》の**○○ ○○	(例：課長の小林) (例：小林)	○○《役職名(직책명)》 ○○様	(例：根本部長) (例：根本様)

3. お願い・依頼のメール (부탁・의뢰의 메일)

「【お願い】○月○日打ち合わせ日程の変更について」
(「【부탁】○월○일 회의 일정 변경에 대해서」)

「【ご相談】○月○日ミーティングの時間変更について」など
(「【상담】○월○일 미팅 시간 변경에 대해서」 등)

例) 日程変更のお願いメール (예) 일정변경 부탁 메일)

宛先：東京物産　伊藤様 <ito△△@xx.co.jp>

件名：○月○日打ち合わせ日程変更のお願い（プサン商事 ホン）

株式会社東京物産
マーケティング部
伊藤　様

いつもお世話になっております。
プサン商事第一営業部のホンです。

ポイント①【用件(ようけん)】 포인트①【용건】
はじめに目的をストレートに伝える。
(처음에 목적을 직접적으로 전한다.)
「～のお願いで、ご連絡させていただきました。」
«目的(목적)»

実は、お約束しておりました打ち合わせについて
日程変更をお願いしたく、メールを送らせていただきました。

※ 参考⇒よく使うフレーズ <お願い・依頼>
(※ 참고⇒자주 사용하는 문구<부탁·의뢰>)

打ち合わせは、○月○日（○曜）○時を予定していましたが、
当日、弊社ビルで館内工事が入ってしまうため、
静かな場での打ち合わせが難しい状況です。

ポイント②【理由や事情説明・お詫(わ)び】
포인트②【이유나 사정설명・사죄】
「大事な用事ができた」「他のミーティングが入った」など、他の約束を優先していると思われるような理由は書かない。
(「중요한 일이 생겼다」「다른 미팅이 들어왔다」 등, 다른 약속을 우선시하는 듯한 이유는 적지 않는다.)

誠に申し訳ございませんが、できましたらお打ち合わせのお時間を、
以下のいずれかに変更していただけないでしょうか。

<候補日時>
・×月×日（×曜）×時～×時
・×月○日（○曜）×時～×時
・×月△日（△曜）終日

もし、これらの日程が難しければ、
伊藤様のご都合(つごう)のよろしい日をお教えください。

ポイント③【変更のお願い・候補日の提示(ていじ)】
포인트③【변경 부탁・후보일 제시】
日程調整(にっていちょうせい)だけで、何度もメールのやり取りをするのは相手も大変です。お詫(わ)びを述(の)べた上で、候補日(こうほび)を出すようにしましょう。
(일정 조정 만으로 여러 번 메일을 주고받는 것은 상대방도 힘듭니다. 사죄의 말을 한 후, 후보일을 제시합시다.)

勝手なお願いで大変恐縮(たいへんきょうしゅく)ではございますが、
何卒よろしくお願い申し上げます。

← クッション言葉 (완충어)
※ 参考 ⇒ よく使うフレーズ <お願い・依頼>
(※ 참고 ⇒ 자주 사용하는 문구<부탁・의뢰>)

株式会社プサン商事　第一営業部　洪吉同（ホン・ギルドン）
〒111-xxx　東京都　○○区　△△1-1-1
E-mail: hong○○@xx.co.jp
TEL: 03-2222-XXXX
FAX: 03-3333-XXXX

練習　お願いメールを書いてみよう＜日程変更＞（연습　부탁 메일을 써 보자〈일정변경〉）

〔**練習の目的** ☞「お願い、予定変更」の場合、件名のつけ方、表現〕
（〔**연습 목적** ☞「부탁, 예정 변경」의 경우, 제목 쓰는 법, 표현〕）

あなたは株式会社プサン商事第一営業部の社員です。
株式会社東京物産マーケティング部の伊藤さんに社外メールを送ろうとしています。
内容は、「　月　日 14 時から予定していたミーティングを次の週のいずれかに変更してもらいたい」というものです。
予定変更の理由、お詫び、候補日時を含めて、メール文書を作成してみましょう。

(당신은 주식회사 부산상사 제1영업부 사원입니다.
주식회사 도쿄물산 마케팅부 이토우(伊藤)씨에게 사외 메일을 보내려고 합니다.
내용은 「　월　일 14시부터 예정되어 있던 미팅을 다음 주 중으로 변경해 주었으면 한다」 입니다.
예정변경 이유, 사죄, 후보 일시를 포함해서 메일 문서를 작성해 봅시다.)

宛先： 東京物産　永野様　＜nagano△△@xx.co.jp＞
件名：

4. よく使うフレーズ (자주 사용하는 문구)

▶ お礼 (예의/감사)

フレーズ (문구)	例 (예)
ありがとうございます	ご協力いただき、ありがとうございます。
お礼申し上げます	日頃はひとかたならぬお引立てにあずかり厚くお礼申し上げます。
感謝しております	編集部一同、深く感謝しております。
感謝の気持ちでいっぱいです	たくさんの方に感謝の気持ちでいっぱいです。
感激しております	久々の再開に感激しております。
おかげさまで ※	おかげさまで、無事完了いたしました。
お気遣いありがとうございます	いつもなにかとお気遣いいただき、ありがとうございます。
ご配慮ありがとうございます	先日の会合ではご配慮くださり、お礼申し上げます。
お世話になりました	大変お世話になりました。
お手数をおかけしました	○○の件では、大変お手数をおかけしました。
助かりました	無理をお願いしてご迷惑をおかけしました。とても助かりました。

※「おかげさまで」⇒「あなたのおかげで」の意味（「おかげさまで」⇒「당신 덕분에」라는 뜻)

▶ お詫び (사죄)

フレーズ (문구)	例 (예)
失礼いたしました	お返事が遅れて、失礼いたしました。
申し訳ありません	度重なる失礼、申し訳ありませんでした。
大変申し訳ございません	度重なる失礼、大変申し訳ございませんでした。
お詫び申し上げます	皆様には大変ご迷惑おかけしました事を深くお詫び申し上げます。
謝罪いたします	誤解を与えたようでしたら、謝罪いたします。
お詫びの言葉もありません	ご迷惑をおかけした皆様には、本当にお詫びの言葉もありません。
大変ご迷惑をおかけいたしました	店舗改装期間中は、大変ご迷惑をおかけいたしました。
多大なご迷惑をおかけして	この度は、多大なご迷惑をおかけして、心から深くお詫びいたします。
深く反省しております	単純ミスから生じたものとはいえ、確実な作業を心がけていれば起き得なかったことと存じ、深く反省しております。
以後、気をつけます	このようなことを繰り返さないように、以後、気をつけます。
二度とこのようなことはいたしません	今後は十分に注意し、二度とこのようなことはいたしません。
不注意で～	弊社の不注意でこのようなことになり、本当に申し訳ありません。
あってはならないことでした	書類を改竄するなど、あってはならないことでした。
私の不徳の致すところです※	システム障害を予測できなかったことは、私の不徳の致すところです。

※「私の不徳の致すところです」⇒ 簡単に言うと「私の責任です」の意味(간단히 말하면「내 책임입니다」라는 뜻)

▶ お願(ねが)い・依頼(いらい) (부탁・의뢰)

	フレーズ (문구)	例 (예)
お願いの表現 (부탁 표현)	～ていただけませんでしょうか	経理部門とお話頂き、対処していただけませんでしょうか。
	～願(ねが)えませんでしょうか	ご教授願えませんでしょうか。
	～お願いできませんでしょうか	2週間で完成するよう、お願いできませんでしょうか。
	～お願い申し上げます	ご了承のほどよろしくお願い申し上げます。
	～ご依頼(いらい)申し上げます	至急、見積書をご送付くださいますようご依頼申し上げます。
	～をお願いしたく	アポイントの変更をお願いしたく、メールを送らせていただきました。
	幸(さいわ)いです※	恐れ入りますが、一度ご面談の機会をいただければ幸いです
	存(そん)じます※	お教えいただきたく存じます。
クッション言葉 (완충어)	**お忙(いそが)しいところ恐れ入りますが～**	お忙しいところ恐れ入りますが、ご確認のほどよろしくお願いいたします。
	ご多忙(たぼう)のところ申し訳ないのですが～	ご多忙のところ申し訳ないのですが、打ち合わせの時間をとっていただきたくお願い申しあげます。
	ご迷惑をおかけして**大変恐縮ですが～**	ご迷惑をおかけして大変恐縮ですが、何卒よろしくお願いいたします。
	お手数をおかけして・・・～	お手数をおかけして大変申し訳ございませんが、会議資料を送っていただきたくお願い申し上げます。
	ぶしつけなお願いで・・・～	ぶしつけなお願いで申し訳ないのですが、ご検討下さいますようお願いいたします。
	勝手(かって)なお願いで・・・～	誠に勝手なお願いで恐縮ですが xx 月 xx 日までにお返事をくださいますようお願いいたします。
	突然(とつぜん)のお願いで・・・～	突然のお願いで恐縮ですが、何卒よろしくお願い申し上げます。
	誠(まこと)に厚(あつ)かましいお願いとは存じますが～	誠に厚かましいお願いとは存じますが、お話を聞かせていただきたくお願い申し上げます。
	ご迷惑(めいわく)をおかけするのは心苦しいのですが～	貴社にご迷惑をおかけするのは心苦しいのですが、やむを得ない事情ですのでご理解いただければ幸いと存じます。

※「**幸いです**」⇒「嬉しいです」の意味

※「**存じます**」⇒「思います・考えます」の意味（「存じる」は「知る」「思う・考える」の謙譲語）

※「**幸いです**」⇒「기쁩니다」라는 뜻

※「**存じます**」⇒「思います・考えます」라는 뜻（「存じる」는「知る」「思う・考える」의 겸양어）

★強調(きょうちょう)★ (강조)

・「**誠(まこと)に**」⇒「本当に」の意味(「정말로」라는 뜻)　例）ご多忙のところ誠に申し訳ないのですが・・・

・「**大変(たいへん)**」⇒「すごく」の意味(「굉장히」라는 뜻)　例）ご多忙のところ大変申し訳ないのですが・・・

・「**非常(ひじょう)に**」⇒「とても」の意味(「매우」라는 뜻)　例）非常に助かります。

・「**何卒(なにとぞ)**」⇒「どうか」の意味(「아무쪼록」이라는 뜻)　例）以上、何卒よろしくお願いいたします。

5. 報告のメール (보고 메일)

例) セミナー参加報告メール (社内)

예) 세미나 참가보고 메일 (사내)

宛先：人事部 山本部長 <yamamoto△△@xx.co.jp>

件名：セミナー（○月○日）参加報告書 （一営 ホン）

> 「△△△報告書」（「△△△보고서」）
> 「【(ご)報告】△△△」（「【보고】△△△」）
> 「○○に関する(ご)報告」など（「○○에 관한 보고」등）

人事部
山本部長

お疲れ様です。
第一営業部のホンです。

> **ポイント① (포인트①)**
> 初めに「～についてご報告いたします」と趣旨を述べる。
> (처음에「~에 대해서 보고 드립니다」라는 취지의 내용을 말한다)

○月○日開催の□□セミナーを受講いたしましたので
概要についてご報告いたします。

=====================================

1.日時：○月○日 ○時～○時

2.場所：東京都△△区○○ビル 405 会議室

> **ポイント② (포인트②)**
> 報告の基本 (보고의 기본)
> 「いつ-When」「どこで-Where」（「誰が-Who」）
> 「何のために-Why」「何を行ったのか-What」を含める。
> **(※客観的 事実)**
> (「언제-When」「어디에서-Where」（「누가-Who」
> 「무엇을 위해-Why」「무엇을 했는가-What」을
> 포함한다. **(※ 객관적 사실)**)

3.目的：・・・・・・・・・・・・・・・のため。

4.内容：
・・・・・・・・・・・・・・・・・・・・・・・・・・・・・・・・・
・・・・・・・・・・・・・・・・・・・・・・・・・・・・・・・

> **ポイント③ (포인트③)**
> **わかりやすく箇条書きに！(알기 쉽게 개조식으로!)**

5.感想：
・・・・・・・・・・・・・・・・・・・・・・・・・・・・・・・
・・・・・・・・・・・・・・・・・・・・・・・・・・・・・

=====================================

> **ポイント④ (포인트④)**
> 「補足事項」「感想」「考え」などがあれば、事実を述べた後に書く。**(※ 個人的 感想 等)**
> (「보충사항」「감상」「생각」 등이 있으면, 사실을 기술한 다음에 쓴다. **(※ 개인적 감상 등)**)

以上です。

今回のセミナーについてまとめたものを
次回の定例会議でスタッフに渡して情報の共有を
行いたいと思います。

> **ポイント⑤ (포인트⑤)**
> **最後に、今後の予定などを加えるとさらによい。**
> **(마지막으로 향후 예정 등을 추가하면 더욱 좋다.)**

それでは、ご確認のほどよろしくお願いいたします。

洪 吉同（ホン・ギルドン）
株式会社プサン商事 第一営業部
E-mail: hong○○@xx.co.jp
TEL: 03-3333-5555
FAX: 03-3333-5551

練習 報告メールを書いてみよう<講義受講に関する中間報告>

(연습 보고메일을 써 보자 〈강의 수강에 관한 중간 보고〉)

〔**練習の目的** ☞「社内メール、報告」の場合、件名のつけ方、表現〕
(〔**연습 목적** ☞「사내 메일, 보고」의 경우, 제목 쓰는 법, 표현〕)

あなたは株式会社(かぶしきがいしゃ)プサン商事第一営業部の社員です。人事部育成課(じんじぶいくせいか)の中村課長に社内メールを送ろうとしています。内容は、「毎週金曜日の 15 時～17 時に行われている外部研修(がいぶけんしゅう)への参加に関(かん)する中間報告(ちゅうかんほうこく)」です。次の内容を含(ふく)めて、報告メールを作成してみましょう。

(당신은 주식회사 부산상사 제1영업부 사원입니다. 인사부 육성과의 나카무라(中村) 과장님에게 사내 메일을 보내려고 합니다. 내용은「매주 금요일 15시~17시에 실시하는 외부 연수 참가에 관한 중간 보고」입니다. 다음 내용을 포함해서 보고 메일을 작성해 봅시다.)

▶ **メールに含(ふく)める内容** ※ 外部研修は、みなさんが受講中(じゅこうちゅう)の研修や授業に置き換(か)えて書いてみましょう。
(**메일에 포함되는 내용** ※ 외부 연수는 여러분이 수강중인 연수나 수업으로 바꾸어 써 봅시다.)

- 「日時」「場所」「受講理由(じゅこうりゆう)」「研修内容(けんしゅうないよう)（※ 今までの内容を簡単にまとめてください）」
- 「感想」（※ 今まで受講(じゅこう)して勉強になったこと／自分が学(まな)んだこと／習得(しゅうとく)したこと など）
- 「일시」「장소」「수강이유」「연수내용 (※ 지금까지의 내용을 간단하게 정리해 주세요) 」
- 「감상」(※ 지금까지 수강해서 공부가 된 것／배운 것／습득한 것 등)

宛先： 人事部育成課 中村課長 <nakamura△△@xx.co.jp>
件名：

04 日本のビジネスマナー (일본의 비즈니스 예절)

1. あいさつとおじぎ (인사와 절)

(1) あいさつの仕方 (인사방법)

❶ アイコンタクト！—— **相手の目や顔を見て**あいさつをしましょう。

❷ あいさつは自分から！—— 社内では、知らない人にも**自分から先に**あいさつをしましょう。

❸ 相手に伝わらなければ意味がない！—— **はっきりと発音**しましょう。

❶ 아이 컨택！—— **상대방의 눈이나 얼굴을 보면서** 인사합시다.

❷ 인사는 내가 먼저！—— 사내에서는 모르는 사람에게도 **내가 먼저** 인사합시다.

❸ 상대방에게 전달되지 않으면 의미가 없다！—— **또렷하게 발음**합시다.

夜でも「おはようございます」？？

「おはようございます」は、朝のあいさつとしてビジネス場面でも使います。

しかし、それだけではありません。例えば、ホテルなどシフト制で働く人は、出社する時間が昼や夜の場合もあります。そのような場合は、何時に出社しても、社内の人には「おはようございます」とあいさつします。したがって、**「おはようございます」は「朝のあいさつ」であり「出社時のあいさつ」でもある**と考えましょう。

※ 「こんにちは」「こんばんは」は通常、職場の人には使いません。

(밤에도 「おはようございます」라고？？

「おはようございます」는 아침인사로서 비즈니스 상황에서도 사용됩니다.

하지만 그것 만이 전부는 아닙니다. 예를 들면, 호텔처럼 교대제로 근무하는 사람들은 낮이나 밤에 출근하는 경우도 있습니다. 이러한 경우에는 몇 시에 출근하든 사내 사람들에게는 「おはようございます」라고 인사합니다. 따라서 **「おはようございます」는 「아침인사」이면서 「출근인사」라고도** 생각할 수 있습니다.

※ 「こんにちは」「こんばんは」는 일반적으로 직장 동료에게는 사용하지 않습니다.)

(2) おじぎ (절)

日本式の**あいさつはおじぎとセット**です。場面に合ったおじぎをマスターしましょう。

❶ おじぎは立ってします。(椅子に座ったままではいけません。)

❷ 女性は両手を前で合わせて、男性は太ももの横においておじぎをします。

❸ 敬意の意味を込める場合、「あいさつの言葉 → おじぎ」と分けて行います。

※ 「会釈」程度の場合は、「おじぎ」をしながら「あいさつの言葉」を言ってもいいですが、敬礼・最敬礼などていねいなおじぎの場合は、分けて行う方がいいでしょう。

일본식 **인사는 절과 함께 이루어**집니다. 상황에 맞는 절하는 방법을 익혀봅시다.

❶ 절은 서서 합니다. (의자에 앉은 채로 절을 해서는 안됩니다.)

❷ 여성은 두 손을 앞에서 모으고, 남성은 허벅지 옆에 두고 절을 합니다.

❸ 존경의 의미를 담을 경우에는 「인사말 → 절」의 순서로 나누어 진행합니다.

※ 「가벼운 목례」 정도의 경우에는 「절」 을 하면서 「인사말」을 해도 괜찮지만, 경례・최경례 처럼 정중한 절의 경우에는 나누어 진행하는 것이 더 좋습니다.

女性　　男性

男性でも、サービス業などの場合は、女性と同じ形でおじぎをする職場もあります。

(남성이라도 서비스업의 경우에는 여성과 같은 자세로 절을 하는 직장도 있습니다.)

❹ おじぎの種類 (절의 종류)

(**会釈** (가벼운 목례))

軽いあいさつで使われるおじぎ。
社内で人とすれ違う時など。
(가벼운 인사에 사용되는 절.
회사 내의 사람과 스쳐 지나갈 때 등.)

「お疲れ様です」
「수고많으십니다」

「失礼いたします」
「실례합니다」

(**敬礼** (경례))

来客を迎える時、上司にあいさつする時など、立ち止まってするあいさつ。
(내방객을 맞이할 때나 상사에게 인사할 때 등, 멈춰 서서 하는 인사.)

「よろしくお願いします」
「잘 부탁드립니다」

「ありがとうございました」
「감사합니다」

(**最敬礼** (최경례))

最もていねいなおじぎ。
お礼や、お詫びをする時など。
(가장 정중한 절.
감사나 사과할 때 등.)

「誠にありがとうございます」
「정말 감사합니다」

「大変申し訳ございません」
「정말 죄송합니다」

(3) 一日のあいさつ (하루동안의 인사)

自分

同僚・上司

<出社>

出社した時。	「おはようございます。」
出社した同僚や上司にあいさつする時。	「おはようございます。」
社内の人に会った時。	「お疲れさまです。」

<外出>

外出する同僚や上司にあいさつする時。	「いってらっしゃい。」
外出する時。	「行ってまいります。」

<帰社>

外出から戻った時。	「ただいま戻りました。」
外出から戻った同僚や上司にあいさつする時。	「お帰りなさい。 お疲れさまでした。 お疲れさまです。」
部屋に入る時。	※ やさしく2～3回ノックしてから 「失礼します。」
部屋を出る時。	「失礼しました。」
上司に呼ばれた時。	「はい。」 ※ 「うん」「はぁ」「はい、はい」はダメ!!

<退社>

帰宅する同僚や上司にあいさつする時。	「お疲れさまでした。」
自分が帰宅する時。	「お先に失礼します。」

(3) 하루동안의 인사

본인

동료 · 상사

< 출근 >

출근했을 때	「おはようございます。」
출근한 동료나 상사에게 안사할 때	「おはようございます。」
회사 내의 사람을 만났을 때	「お疲(つか)れさまです。」

< 외출 >

외출하는 동료나 상사에게 인사할 때	「いってらっしゃい。」
외출할 때	「行ってまいります。」
외출에서 돌아왔을 때	「ただいま戻(もど)りました。」

< 귀사 >

외출에서 돌아온 동료나 상사에게 인사할 때	「お帰(かえ)りなさい。 お疲(つか)れさまでした。 お疲れさまです。」

※ 가볍게 2~3 번 노크한 후

방에 들어갈 때	「失礼(しつれい)します。」
방에서 나올 때	「失礼しました。」
상사가 불렀을 때	「はい。」

※ 「うん」「はぁ」「はい、はい」는 안됨!!

< 퇴근 >

퇴근하는 동료나 상사에게 인사할 때	「お疲れさまでした。」
본인이 퇴근할 때	「お先(さき)に失礼します。」

2. 名刺のマナー (명함 예절)

名刺の取り扱いはビジネスマナーの中でも特に重要です。
(명함 사용은 비즈니스 매너 중에서도 특히 중요합니다.)

▶ ポイント (포인트)

❶ 名刺は名刺入れに！！ (명함은 명함집에 !!)

- 男性は胸のポケットに、女性はバッグの中に入れておきます。

  ※ 名刺は自分の顔のようなものです。お尻のポケットには入れないようにしましょう。

- 남성은 가슴 쪽 주머니에, 여성은 가방 안에 넣어 둡니다.

  ※ 명함은 자신의 얼굴과도 같습니다. 엉덩이 쪽 주머니에는 넣지 않도록 주의합시다.

❷ 訪問した人が先に名刺を渡す！！ (방문한 사람이 먼저 명함을 건넵니다!!)

- 自分が訪問した場合でなくても、自分が低い立場の場合は、自分から名刺交換をしに行きましょう。
- 名刺を渡すときは、**名刺を相手が読める方向に向けて**、名乗りながら、挨拶をして渡します。

  例)「○○商事　営業部　第一営業課の△△と申します。 どうぞ よろしくお願いいたします。」

- 자신이 방문자가 아니더라도, 자신의 위치가 낮은 경우라면 먼저 명함 교환을 하러 갑니다.
- 명함을 건넬 때에는 **상대방이 읽기 쉬운 방향으로 돌려서** 자신의 이름을 말하면서 인사를 하고 건넵니다.

  예)「○○상사 영업부 제 1 영업과의 △△라고 합니다. 잘 부탁드립니다.」

❸ 名刺交換はテーブルの横で！！ (명함교환은 테이블 옆에서!!)

- 基本は**相手のそばまで行って**渡します。
- 相手が立って自分のそばまで来てくれたときは、**必ず立って**受け取りましょう。座ったまま、受け取ってはダメです。
- 기본적으로는 **상대방 옆까지 가서** 건넵니다.
- 상대방이 일어나서 자기 가까이 왔을 때에는 **반드시 일어나서** 받아야 합니다. 앉은 채로 받아서는 안 됩니다.

④ 名刺は両手で受け取る！！ (명함은 두 손으로 받는다!!)

- 同時交換の場合は、右手で差し出して、左手で受け取り（名刺入れの上）、すぐに右手を添える。
- 受け取ったら、両手で持ち **「頂戴いたします。」**と言う。

- 동시 교환인 경우, 오른손으로 명함을 건네고, 왼손으로 받아서 (명함집 위에) 바로 오른손을 덧붙인다.
- 받은 후에는 두 손으로 명함을 들고 **「잘 받겠습니다.」**라고 말한다.

※ 相手の名前が分からない時は、必ず読み方を聞いて覚えましょう！！！

※ 상대방의 이름을 모를 때에는 반드시 읽는 법을 물어보고 기억합시다！！！

例)「もう一度お名前をお聞きしてもよろしいでしょうか。」
「お名前は、何とお読みすればよろしいでしょうか。」
「○○様でよろしいでしょうか。」 など

예)「한번 더 성함을 여쭈어봐도 될까요?」
「성함은 어떻게 읽으면 좋을까요?」
「○○님이라고 하면 될까요?」 등

※ **名刺を忘れた時や、なくなってしまった時**は、謝ってから挨拶をします。
そして、「次回、お会いしたときに必ずお渡しする」、「後ほどメールで連絡先などをお送りする」などの対応をしましょう。

※ **명함을 잊었거나 명함이 없을 때**에는 사과를 한 후에 인사를 합니다. 그리고「다음 번에 만나 뵈었을 때 반드시 드린다」「나중에 메일로 연락처 등을 보내드리겠습니다」라고 대응합니다.

例) **「申し訳ございません。ただいま、名刺を切らしておりまして・・・。**
私、ガイダイ商事、第一営業部のキムと申します。・・・」

예) **「정말 죄송합니다. 지금 마침 명함이 다 떨어져서….**
저는 외대 상사 제1영업부의 김○○이라고 합니다.…」

③ 相手の名刺はテーブルの上に置いて話をしよう！ (상대방의 명함은 테이블 위에 놓고 대화를 합시다!)

- 名前を覚えて、**会話の中に相手の名前を入れて**話しましょう。

※ 相手の前で、相手の名刺にメモをしてはいけません！
訪問日、相手の特徴などを書く場合は、会社に戻ってしましょう。

- 이름을 기억하고 **대화 중에 상대방의 이름을 넣어서** 이야기합시다.

※ 상대방 앞에서 상대방의 명함에 메모를 해서는 안 됩니다！
방문 날짜나 상대방의 특징 등을 기록할 경우는 회사로 돌아간 후에 해야 합니다.

⑥ 名刺を渡す順番 (명함을 건네는 순서)

- **訪問した人が先に**名刺を渡します。(방문한 사람이 먼저 명함을 건넵니다.)

訪問した人（立場が**下**）　　訪問された人（立場が**上**）
(방문한 사람 (지위가 **낮음**))　　(방문받은 사람 (지위가 **높음**))

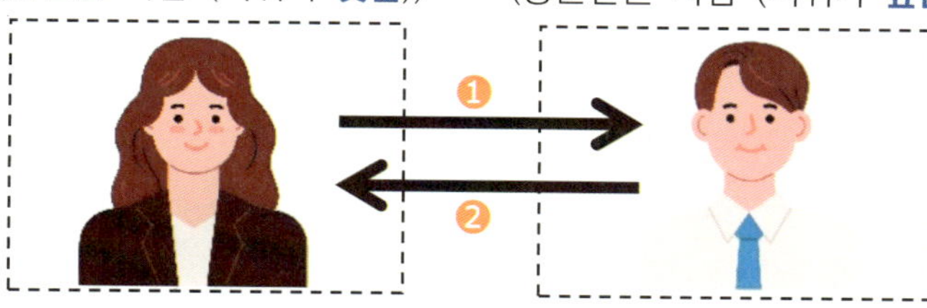

- 訪問した人がお客様や目上の人の場合は、訪問された人が先に名刺を渡すこともあります。
  (방문한 사람이 손님이나 손윗사람인 경우에는 방문받은 사람이 먼저 명함을 건넬 수도 있습니다.)

訪問した人（立場が**上**）　　訪問された人（立場が**下**）
(방문한 사람 (지위가 **높음**))　　(방문받은 사람 (지위가 **낮음**))

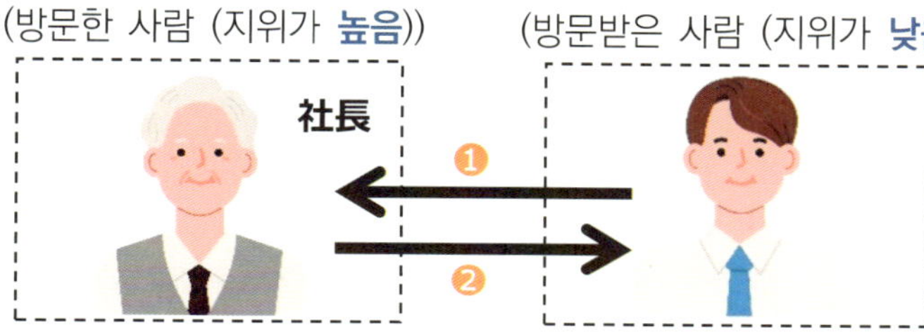

- **複数で名刺交換**をするときは、**立場が下の者から、役職の高い順に交換**
  (**여러 사람이 명함을 교환**할 때에는 **지위가 낮은 사람부터 직책이 높은 순서대로 교환합니다.**)

訪問した人（立場が**下**）　　訪問された人（立場が**上**）
(방문한 사람(지위가 **낮음**))　　(방문받은 사람 (지위가 **높음**))

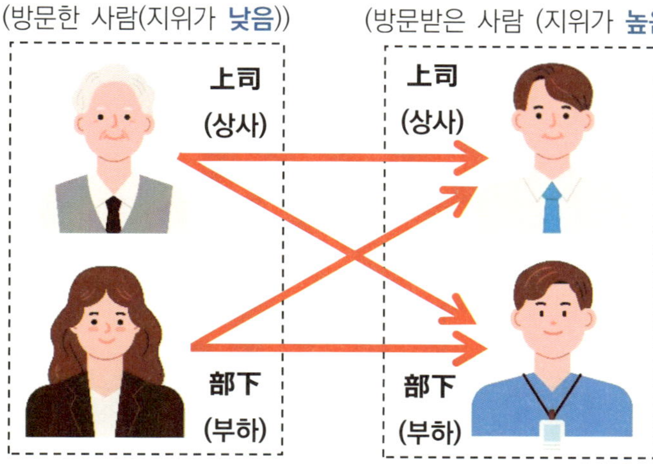

- 以前、**名刺交換をしたことがある人**には、名刺を渡す必要はありません。
  (예전에 **명함을 교환한 적이 있는 사람**에게는 명함을 건넬 필요가 없습니다.)

3. 席次（上座・下座）のマナー (자리 배치(상석・하석) 예절)

▶ 上座 ・・・ お客様や目上の人が座る（立つ）位置
▶ 下座 ・・・ 目下の人が座る（立つ）位置

▶ 상석 ・・・ 손님이나 윗사람이 앉는(서는) 위치
▶ 하석 ・・・ 아랫사람이 앉는(서는) 위치

席次は、「お客様・社員」「上司・部下」「先輩・後輩」というように、役職や立場に対する敬意の現れです。もし、地位や役職、お互いの立場などが無視されたらどうでしょうか？自分の存在を否定/無視された気持ちになります。そのため、上座・下座のマナーは重要なマナーの一つと言えるでしょう。

(자리 배치는 「손님·사원」「상사·부하」「선배·후배」처럼 직책이나 지위에 대한 존경을 나타냅니다. 만약 지위나 직책, 서로의 입장 등이 무시된다면 어떻게 될까요? 자신이 존재하지 않거나 무시당한 기분이 들 것입니다. 그렇기 때문에 상석·하석의 예절은 중요한 예절 중 하나라고 할 수 있습니다.)

基本的な上座の条件は、応接室や会議室などの場合、入り口から遠いこと、乗り物の場合、安全性が高く快適であることが条件となります。

(기본적인 상석의 조건은 응접실이나 회의실 등의 경우, 입구에서 먼 곳을 말하며, 교통수단의 경우에는 안전성이 높고 편안한 곳이 상석으로 간주됩니다.)

▶ 席次の例 (자리배치의 예)

練習問題 ○の中に、席次の番号を書いてみよう。(**연습문제** ○안에 자리 배치의 번호를 써 봅시다.)

解答/해답 p.159

・応接室 (응접실)

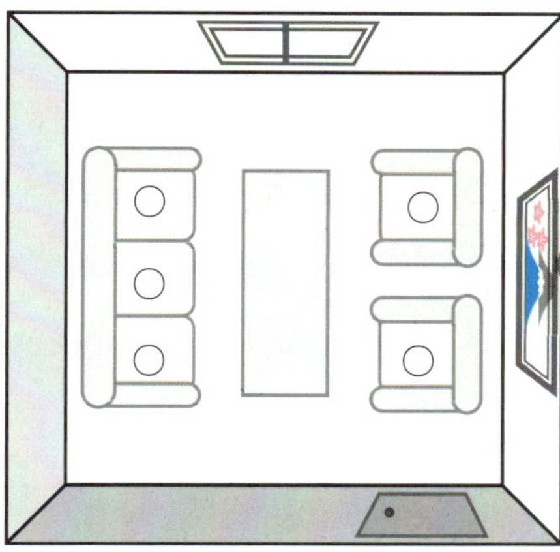

上座の Point (상석의 포인트)

- 入口から遠い
- 長いす(長ソファー)はお客様用
- 絵画や景色がよく見える場所
- 입구에서 먼 곳
- 긴 의자 (긴 소파)는 손님용
- 그림이나 경치가 잘 보이는 곳

・会議室 (회의실)

<社内で議長がいる会議 (사내에서 의장이 있는 회의)>

上座の Point (상석의 포인트)

- 議長が会議の中心
- 入口から遠い
- 의장이 회의의 중심
- 입구에서 먼 곳

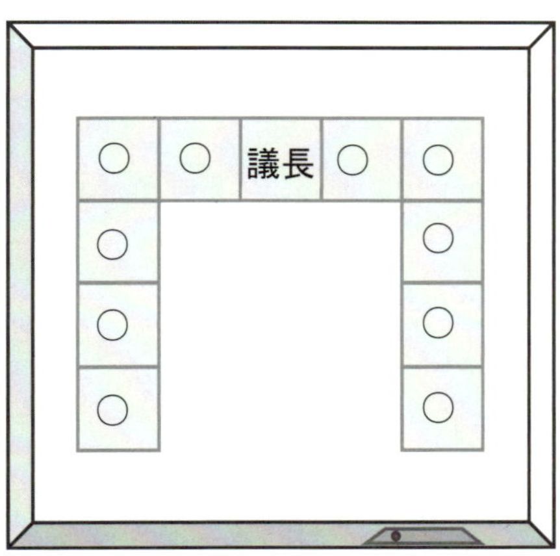

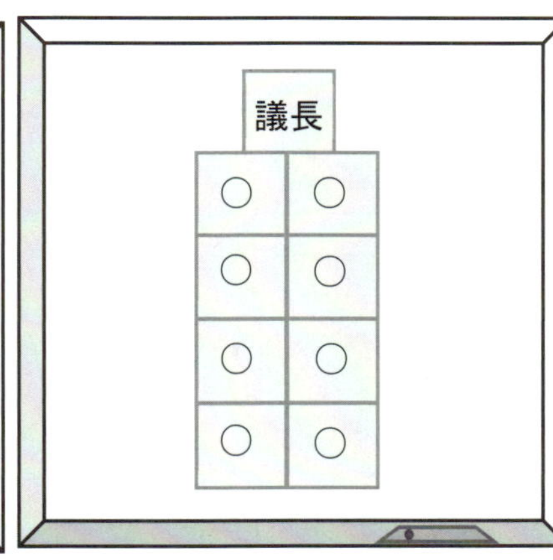

<お客様が訪問して会議 (손님이 방문하신 회의)>

上座の Point (상석의 포인트)

- 偉い人が会議の中心
- 入口から遠い
- 중요한 사람이 회의의 중심
- 입구에서 먼 곳

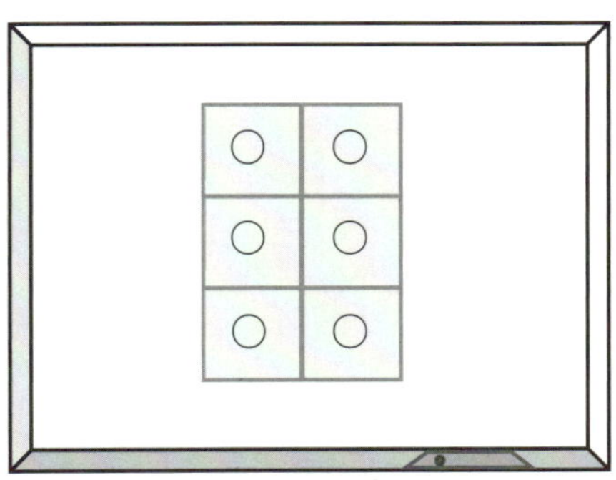

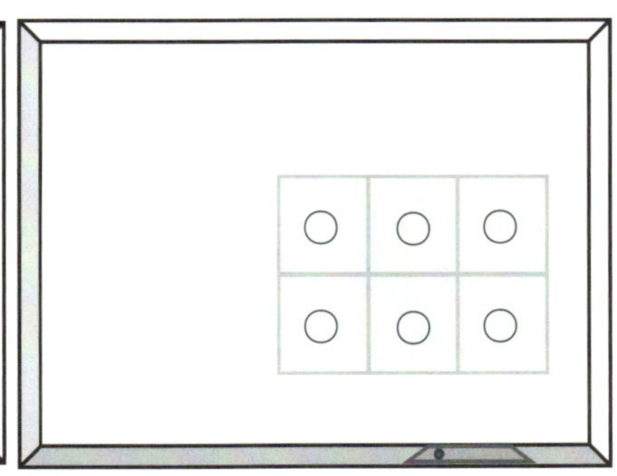

• **エレベーター** (엘리베이터)

上座の Point (상석의 포인트)

・奥側（入口から遠い）

・操作パネルの前は、一番下

※ お客様・目上の人に、先にエレベーターに乗ってもらえば、自然と奥側になる。

・안쪽 (입구에서 먼 곳)

・터치패널 앞이 가장 아랫사람

※ 손님・손윗사람이 먼저 엘리베이터에 타면 자연스럽게 안쪽(상석)이 된다.

• **タクシー** (택시)

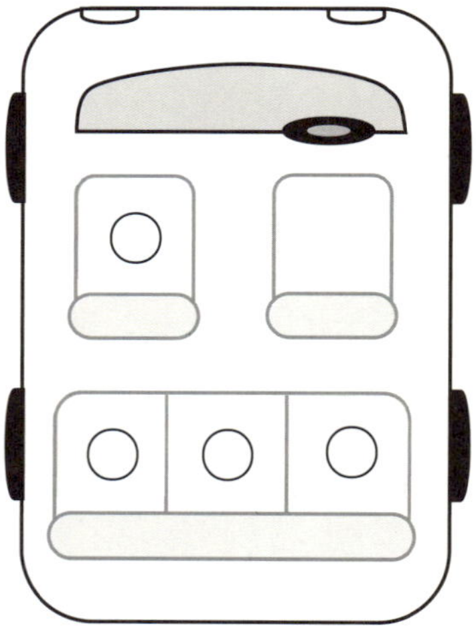

上座の Point (상석의 포인트)

・安全性が高い（運転席の後ろ）

・快適（後部座席、窓側）

※ 助手席は支払いや道の説明など、運転手とやり取りをしなければならない。

・안전성이 높은 곳 (운전석의 뒤)

・편안한 곳 (뒷자리, 창쪽)

※ 조수석은 결제나 길 안내 등 운전기사와의 대화가 필요하다.

解答·解説 (해답·해설)

▶ 応接室 (응접실)

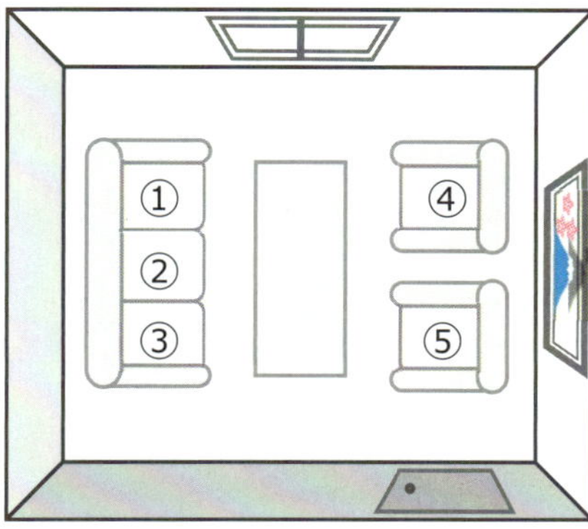

長いす(長ソファー)で、入り口から遠い席が上座となる。
(긴 의자(긴 소파)에서는 입구에서 먼 자리가 상석이 된다.)

▶ 会議室 (회의실) <社内で議長がいる会議(사내에서 의장이 있는 회의)>

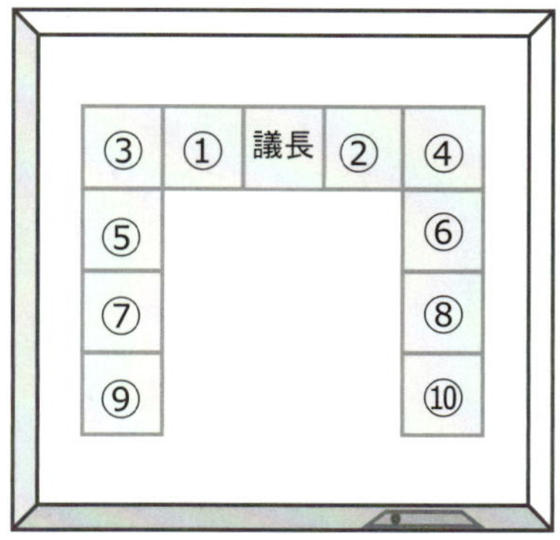

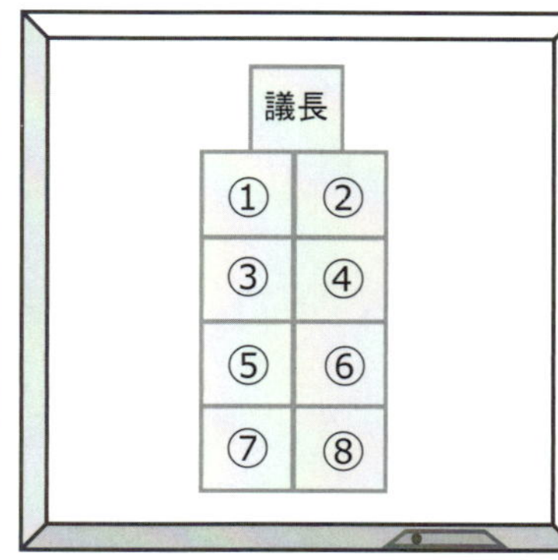

入り口から遠く、会議の中心である議長に近い席が上座となる。
(입구에서 멀고, 회의의 중심인 의장과 가까운 자리가 상석이 된다.)

▶ 会議室 (회의실) <お客様が訪問して会議(손님이 방문하신 회의)>

入り口から遠い、奥側のスペースが来客側(上座)となり、通常、偉い人が会議の中心となるので、中央が上座となる。
(입구에서 멀고, 안쪽 공간이 방문객 측(상석)이 되고, 일반적으로 중요한 사람이 회의의 중심이 되므로 중앙이 상석이 된다.)

▶ エレベーター (엘리베이터)

入り口から遠い奥側のスペースが上座となり、操作パネルが下座となる。ただし、無理に席次通りにする必要はなく、奥側がお客様·目上の人で、入り口側が下の者と覚えておけばよい。
(입구에서 먼 안쪽 공간이 상석이 되고, 조작패널이 하석이 된다. 단 굳이 자리배치를 엄격히 따를 필요는 없으며, 안쪽이 손님·윗사람으로 입구 쪽이 아랫사람의 자리라고 기억하면 된다.)

▶ タクシー (택시)

安全性と快適さで運転席の後ろが上座となる。助手席は運転手とのやり取りが発生するので下座となる。
(안전성과 편안함 측면에서 운전석 뒤 좌석이 상석이 된다. 조수석은 운전기사와의 대화가 발생하기 때문에 하석이 된다.)

4. ご案内、エレベーターでのマナー (안내, 엘리베이터에서의 예절)

▶ お客様をご案内する (손님 안내하기)

ポイント (포인트)

- 案内人(あんないにん)は、**お客様の少し前**を歩いて誘導(ゆうどう)する。
- 自分が先(さき)に行く場合は、「**失礼します**」と一言いう。

- 안내자는 **손님보다 약간 앞서** 걸으면서 안내합니다.
- 자신이 먼저갈 경우에는 「**실례합니다**」라고 말한다.

▶ エレベーターの乗(の)り降(お)り (엘리베이터 타고 내리기)

ポイント (포인트)

- 基本的には、お客様（目上の人）を先に乗せて、先に降ろす。
- 自分が先に行く場合は、「失礼します」と一言いう。

- 기본적으로는 손님(윗사람)이 먼저 타고, 먼저 내리시게 합니다.
- 자신이 먼저갈 경우에는 「실례합니다」라고 말한다.

会話スクリプト お客様をエレベーターで案内する

(회화 스크립트 손님을 엘리베이터에서 안내한다)

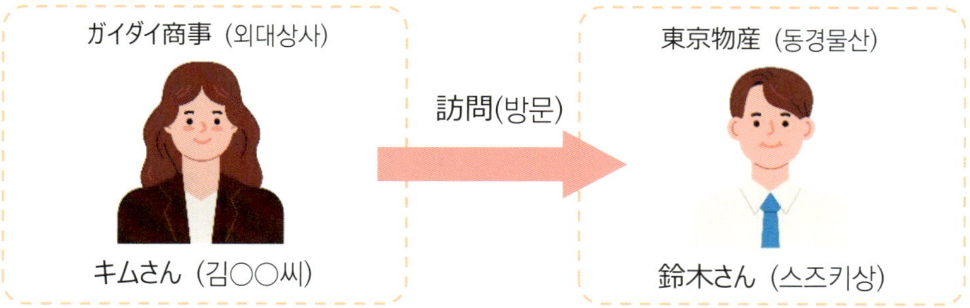

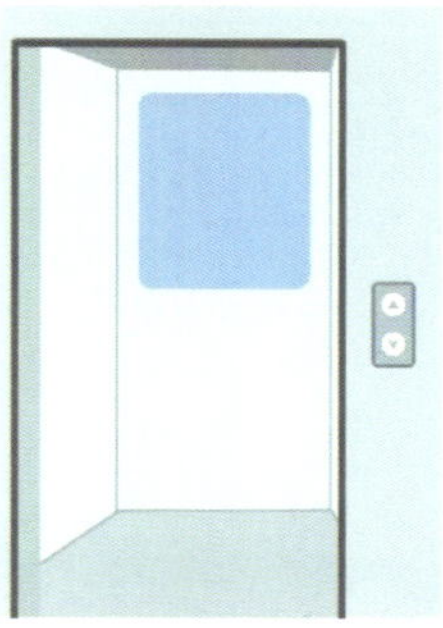

[ガイダイ商事のキムさんが東京物産の鈴木さんを訪問しました。]

[외대상사의 김○○씨가 동경물산의 스즈키상을 방문했습니다]

案内人(안내인)：キム様でいらっしゃいますね。 お待ちしておりました。 応接室までご案内いたします。

(김○○씨 이시죠? 기다리고 있었습니다. 응접실까지 안내해 드리겠습니다.)

キム (김)：はい、よろしくお願いいたします。

(네, 잘 부탁드립니다.)

«エレベーターの前まで移動 (엘리베이터앞으로 이동)»

案内人： 3階までまいります。

(3층입니다.)

«エレベーターが到着、乗る (엘리베이터가 도착,탄다)»

« 3階に到着 (3층에 도착)»

案内人： 3階でございます。

どうぞ、出ましたら左側でございます。

(3층입니다. 나가시면 왼쪽입니다.)

«応接室まで移動 (응접실까지 이동)»

«ノックして中にご案内 (노크하고 안으로 안내)»

※**基本的にはお客様が先だが、状況にあわせて行動する。**

(기본적으로 손님이 먼저이지만 상황에 맞게 이동한다.)

【中に既に**人がいる** (안에 이미 **사람이 있는** 경우)】

⇒外のボタンを押したまま、「**どうぞお乗りください**」と言って**お客様を先に**乗せる。

(밖의 버턴을 누른채로 「**어서 타십시오**」라고 **손님이 먼저** 타도록 한다)

【中に**誰もいない** (안에 **아무도 없는** 경우)】

⇒安全確保のため「**失礼します**」と言って**自分が先**に乗り、中の開くボタンを押す。

(안전확보를 위해 「**실례합니다**」라고 말하고 **자신이 먼저** 타고 안쪽 열림버턴을 누른다.)

▶ お客様を見送る (손님 배웅하기)

ポイント (포인트)

- 最後まで心を込めて対応する。
- 一般的な見送りは、「**お客様がエレベーターに乗り込むまで**」で十分ですが、大切な取引先など、相手によっては、「エレベーターで１階まで」「ビルの玄関先まで」見送ることもあります。

- 마지막까지 마음을 다해 대응한다.
- 일반적인 배웅은 「**손님이 엘리베이터에 타기까지**」면 충분하지만, 중요한 거래처 등 상대에 따라서는 「엘리베이터 1층까지」「빌딩 현관까지」배웅하는 경우도 있습니다.

会話スクリプト　お客様を見送る（エレベーターの前）

(회화 스크립트　손님 배웅하기(엘리베이터 앞))

[訪問してきたガイダイ商事のキムさんを、エレベーターの前で見送ります。]
([방문한 외대상사의 김○○씨를 엘리베이터 앞에서 배웅합니다.])

«エレベーターの前で (엘리베이터 앞에서)»

「ご足労いただきまして、ありがとうございました。」
(귀한 시간을 내어 방문해주셔서 감사합니다.)

キム　：今日はいろいろありがとうございました。
(오늘은 여러가지로 감사했습니다.)

鈴木　：こちらこそ、<u>ご遠方お越しいただきありがとうございました</u>。
(저희야말로, <u>멀리서 와 주셔서 감사합니다.</u>)

キム　：また、お伺いします。(또 방문드리겠습니다.)

鈴木　：はい、お待ちしております。 お気をつけてお帰りくださいませ。
(네, 기다리고 있겠습니다. 조심히 돌아가십시요.)

«訪問者がエレベーターに乗る (방문자가 엘리베이터에 탄다)»

キム　：ありがとうございました。**〈おじぎ〉**
(감사합니다. **〈절〉**)

鈴木　：ありがとうございました。**〈おじぎ〉**
(감사합니다. **〈절〉**)

おじぎ（敬礼・最敬礼）
※ ドアが閉まるまで
(절（경례・최경례）
※ 문이 닫힐때까지)

«エレベーターのドアが閉まる (엘리베이터의 문이 닫힌다)»

5. 報·連·相 (보고 · 연락 · 상담)

(1) 「報·連·相」とは？ 誰にいつする？ 何のためにする？

(「호렌소(報·連·相)」란 무엇인가? 누구에게 언제 해야하는가? 무엇을 위해 필요한가?)

「報·連·相」とは、仕事の中で行われる**「報告、連絡、相談」**のことです。これを、**「誰に対して、いつ」**するかを考えたとき、仕事や会社組織の**「縦と横のつながり」**が関係してきます。例えば、「私」を中心に考えると、縦のつながりには上司や先輩社員がいて、横のつながりには同僚·部下がいます。取引先·お客様は、ときには縦になり、時には横になります。さらに、組織全体を見ると、上司の上には部長や役員など、さらに上に続いていき、横には自分の職場以外の部署(職場)があり、それぞれの部署が連携しながら仕事が行われています。**この縦と横の連携をうまく行うために、日本企業では「報·連·相」が必要とされています。**

(「**호렌소(報·連·相)**」란 업무에서 이루어지는 **「보고, 연락, 상담」**을 말합니다. 이것을 **「누구에게, 언제」** 해야 할 것인가를 생각할 때, 업무와 회사 조직의 **「수직적 관계와 수평적 관계」**가 관련됩니다. 예를 들어, 「나」를 중심으로 생각해 보면, 수직적 관계에는 상사나 선배 사원이 있으며, 수평적 관계에는 동료 · 부하가 있습니다. 거래처 · 고객은 경우에 따라 수직적 관계로, 또 경우에 따라 수평적 관계가 되기도 합니다. 더 나아가 조직 전체를 보면, 상사 위에는 부장이나 임원 등 더 높은 직급이 이어져 있으며, 수평적으로는 자신의 직장 이외의 부서(직장)가 존재하며 각 부서들은 서로 협력하며 업무를 수행합니다. **이러한 수직적, 수평적 협력을 원활히 하기 위해 일본 기업에서는 「호렌소(報·連·相)」가 필요하다고 여겨집니다.**)

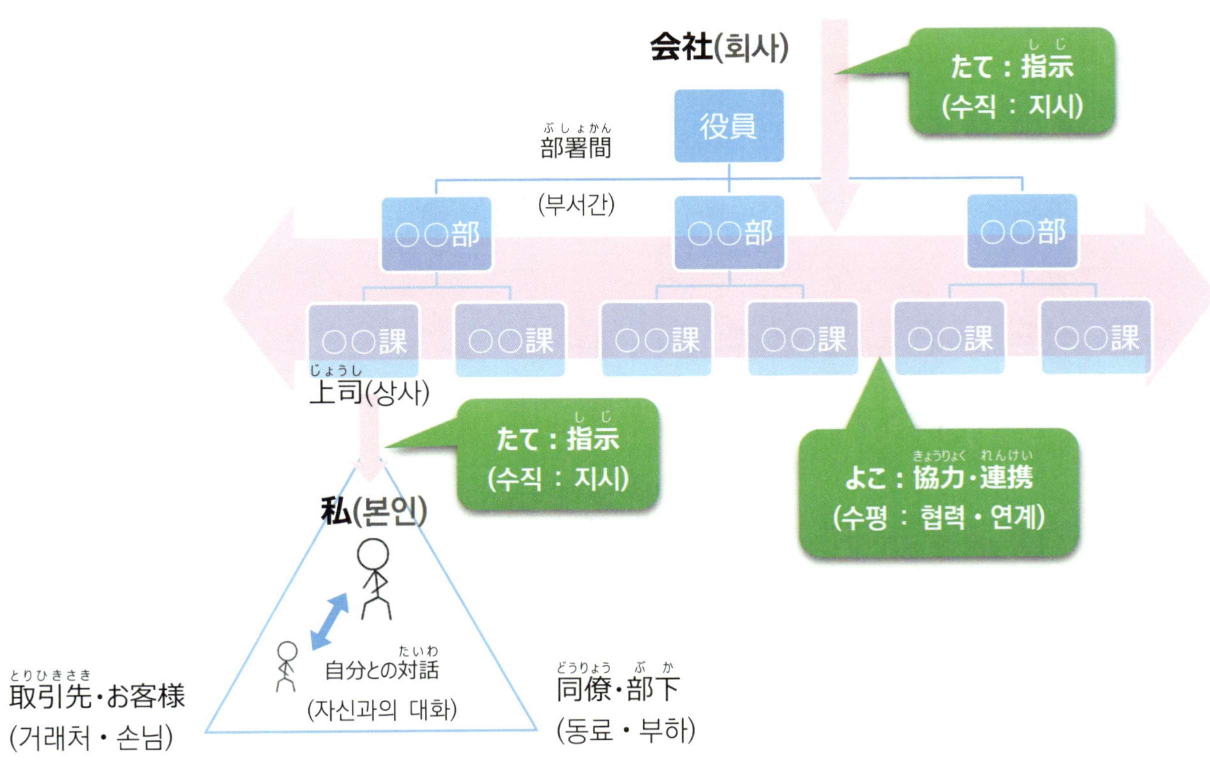

では、「報告」「連絡」「相談」は、どのような**つながり**の中で、どのような**行動**を起こせばいいのでしょうか？
次の図を見ながら、**「報告」「連絡」「相談」を行う意味や具体的な行動**について考えてみましょう。

(그러면 「보고」「연락」「상담」은 어떤 **관계** 속에서 어떤 **행동**을 취해야 할까요?
다음 그림을 보면서 **「보고」「연락」「상담」을 실행하는 의미와 구체적인 행동**에 대해 생각해봅시다.)

報告 보고 ＝(義務 의무)←指示 지시

「たて」のコミュニケーション
「수직」의 커뮤니케이션

☞ **進捗や結果、問題などを伝えること**
(진척사항이나 결과, 문제 등을 전달하는 것)

< 例を考えてみよう (예를 생각해 봅시다)>

- 中間報告、進捗報告、結果報告 (중간보고, 진척보고, 결과보고)
- 自分のミス、クレーム (자신의 실수, 클레임)

Point : 簡潔に、迅速に。(간결, 신속하게)

連絡 연락 ＝(気配り 배려)←協力・連携 협력・연계

主に「よこ」のコミュニケーション
주로 「수평」의 커뮤니케이션

☞ **業務にかかわる情報を関係者に共有**
(업무와 관련된 정보를 관계자들과 공유)

<例を考えてみよう (예를 생각해 봅시다)>

- 会議に関する連絡(日時、場所、議題) (회의와 관련된 연락(일시, 장소, 안건))
- お礼 (감사 인사)

Point : 簡潔に、相手の立場に立って必要な情報を伝える。確実に伝える(必要があれば確認)。
(간결하게, 상대방의 입장에서 필요한 정보를 전달 확실히 전달하기 (필요하다면 확인))

相談 상담 ＝(問題解決 문제해결)→自分の成長 자신의 성장

「たて・よこ」のコミュニケーション
「수직・수평」의 커뮤니케이션

☞ **迷ったときに意見を聞き、アドバイスをもらうこと**
(고민이 있을 때 의견을 듣고 조언을 받을 것)

<例を考えてみよう (예를 생각해 봅시다)>

- ひとりでは判断できないとき (혼자서는 판단할 수 없을 때)

Point : 事前整理、時間に余裕を持って、相談相手への結果報告とお礼を忘れない
(미리 정리, 시간적 여유를 가지고 상담 상대에게 결과보고와 감사 인사를 잊지 않기)

(2) 状況から学ぶ「報・連・相」(상황으로 배우는「호렌소(報・連・相)」)

それぞれの状況を理解し、問題点とその理由、そして改善方法を考えてみよう。 解答のヒント/해답힌트 p.167～

(각각의 상황을 이해하고 문제점과 그 이유, 그리고 개선 방법에 대해 생각해 봅시다.)

❶ 課長から新商品をお客様にプレゼンテーションするように水曜日に指示された。プレゼンは翌週の水曜日だったので、その前にプレゼンのスライドを完成させて課長に見せに行った。

(과장님으로부터 신제품을 고객에게 프레젠테이션 하라는 지시를 수요일에 받았다. 프레젠테이션은 다음 주 수요일이므로 그 전에 프레젠테이션 슬라이드를 완성하여 과장님께 보여드리러 갔다.)

1 問題点 (문제점)　2 その理由 (그 이유)　3 改善方法 (개선 방법)

❷ 得意先からクレームの電話があり、至急、現場に伺って対応した。自分でしっかり解決できたと思ったので、上司には報告しなかった。翌日、得意先から上司に対応へのお礼の電話があり、その後、上司に呼ばれて注意を受けた。

(주요 거래처에서 클레임 전화가 와서 급히 현장에 가서 대응했다. 내가 확실히 해결했다고 생각했기 때문에 상사에게는 보고하지 않았다. 다음 날 거래처에서 상사에게 대응에 대한 감사 전화를 했고, 그 후 상사에게 불려 가 주의를 받았다.)

1 問題点 (문제점)　2 その理由 (그 이유)　3 改善方法 (개선 방법)

③ 朝、出勤で乗っていた電車が遅延していたが、車内は満員で電話もメールもできる状況ではなかった。途中の駅で降りればできたが、さらに遅れると思い、降りずに目的の駅まで乗っていったら、着いたときには始業時間を過ぎていたので、急いで上司に連絡した。

(아침 출근길에 타고 있던 전철이 지연되었지만, 차 안이 만원이라 전화나 메일을 보낼 수 있는 상황이 아니었다. 중간역에서 내리면 연락할 수 있었지만, 더 늦어질 것 같아 내리지 않고 목적지 역까지 갔다. 도착했을 때는 이미 업무 시작 시간이 지나 있어 급히 상사에게 연락했다.)

1 問題点 (문제점)　2 その理由 (그 이유)　3 改善方法 (개선 방법)

④ 入社して研修も終わり1ヶ月たったが、電話応対がうまくできない。すっかり自信をなくし、電話がかかってくると逃げたくなる。社内には外国人社員は自分一人で、親しい人もいない。このままでは周囲に迷惑をかけるばかりなので、会社をやめたほうがいいのではないかと悩んでいる。

(입사하고 연수도 끝나 1개월이 지났지만 전화 응대가 잘 되지 않는다. 자신감을 완전히 잃고 전화가 오면 도망치고 싶어진다. 회사 내에는 외국인 직원은 자신 한 명뿐이고 친한 사람도 없다. 이렇게 계속 가면 주변에 폐만 끼칠 것 같아 회사를 그만두는 것이 좋지 않을까 고민하고 있다.)

1 問題点 (문제점)　2 その理由 (그 이유)　3 改善方法 (개선 방법)

状況から学ぶ「報・連・相」：解答のヒント
(상황으로 배우는 「호렌소(報・連・相)」 : 해답 힌트)

問題点、理由、改善方法のポイントを解説します。
(문제점, 이유, 개선방법에 대한 포인트를 해설합니다.)

❶ ポイント ➡ 作業報告のタイミング (포인트 ➡ 작업보고를 하는 타이밍)

「**完成してから**課長に見せたこと」が問題。指示に対する自分の考えや、作業の方向性が合っていない場合、手戻りが発生する。また、指示を出した課長も、状況やプレゼンの内容がわからないと、不安に感じるかもしれない。そのため、途中で**進捗報告**をしたり、適宜、**方向性の確認**をしながら進めていくことがよいだろう。

(「**완성하고 나서** 과장님에게 보여 드리는 것」이 문제. 지시에 대한 자신의 생각이나, 작업의 방향성이 맞지 않을 경우, 재검토를 해야 한다. 또한, 지시를 한 과장님도 상황이나 프레젠의 내용을 모르면 불안함을 느낄 지도 모른다. 그렇기 때문에 중간에 **진척/진행 상황 보고**를 하거나, 적시에 **방향성 확인**을 하면서 진행하는 것이 좋겠다.)

❷ ポイント ➡ クレームの重大性 (포인트 ➡ 클레임의 중대성)

クレームの重大性を認識している行動ではない。クレーム対応は会社の信用にも影響する大きな問題。そのため、まずは、「**クレームの報告**をしなかったこと」が問題である。**クレームがあった時点**で、上司(または適切な相手)にクレームの報告と、対処方針を伝え、そして、**対処が終わったら**、結果報告をすべきである。大切なことは、適切な対処をすること。そのために、自分で勝手に判断しないこと。また、「解決して終わり」ではなく、今後の改善やチームで業務に対応するために、**情報共有**をすべきである。

(**클레임의 중대성**을 인식하고 있는 행동이 아니다. 클레임 대응은 회사의 신용에도 영향을 미치는 큰 문제. 그렇기 때문에, 우선은 「**클레임 보고**를 하지 않은 것」이 문제이다. **클레임이 난 시점**에서 상사(또는 적당한 상대방)에게 클레임 보고와, 대처 방침을 전달하고 **대처가 끝나면** 결과 보고를 해야 한다. 중요한 것은 적절한 대처를 하는 것. 그러므로 혼자 마음대로 판단하지 말 것. 또한 「해결하고 끝」이 아니라 향후의 개선점이나 팀에서 업무에 대응하기 위해서, **정보공유**를 해야 한다.)

❸ ポイント ➡ 遅刻連絡のタイミング (포인트 → 지각 연락의 타이밍)

「**始業時間を過ぎて、連絡**したこと」が問題。遅刻の連絡は、いかなる場合でも、約束時間の前にするのが相手に対するマナー。また、出勤時間に職場のメンバーがいないことで、業務に支障をきたす場合もあるだろう。そのために、遅刻するとわかった時点で、職場で有効な連絡ツール(電話、業務チャットなど)で事前に連絡をすること。

(「**업무시작 시간을 지나서 연락**한 것」이 문제. 지각 연락은 어떠한 경우에도 약속 시간 전에 하는 것이 상대방에 대한 예의. 또한, 출근시간에 직장 동료가 없는 것으로 업무에 지장을 초래하는 경우도 있을 것이다. 그렇기 때문에, 지각할 것이라고 생각한 시점에서 직장에 유효한 연락 도구(전화, 업무 채팅 등)로 사전에 연락할 것.)

❹ ポイント ➡ 業務における悩みの対処 (포인트 → 업무에 관한 고민 대처)

「**業務(仕事)に関係すること**を、**誰にも相談せずに**、**一人で悩んで辞める結論を出そうとしている**こと」が問題。個人の作業であっても、業務でうまくいかないことがあれば、それは組織やチームの業務進行に影響を与える。そのため、まずは自分との対話の中で解決策を考え、それでもうまくできない場合は、それは組織として解決しなければならない問題であるので、**上司や先輩などに相談**をすべきである。韓国人を新卒採用している企業からよく聞く話が、韓国人社員の**相談の少なさ**である。業務内の悩みは、相談することで解決すべき問題であると考えて、行動することが大切である。

(「**업무(일)에 관련된 것**을 **아무에게도 상담하지 않고 혼자서 고민해서 그만 두는 결론을 내려고 하는** 것」이 문제. 개인 작업이라고 해도 업무상 잘 해결되지 않는 일이 있으면 그것은 조직이나 팀의 업무 진행에 영향을 미친다. 그렇기 때문에 우선은 자신과 대화 중에서 해결책을 생각하고 그래도 잘 해결되지 않는 경우에는 조직 내에서 해결해야 하는 문제이므로, **상사나 선배 등에게 상담**해야 한다. 한국인을 졸업 즉시 채용하고 있는 기업에서 자주 듣는 이야기가 한국인 사원의 **상담 부족**이다. 업무 내의 고민은 상담하는 것으로 해결해야 하는 문제라고 생각하고 행동하는 것이 중요하다.)

(3) 振り返ろう (되돌아보자)

▶ **なぜ仕事で「報・連・相」が必要なのでしょうか？**
(왜 업무에서 「호렌소(報・連・相)」가 필요한 것일까?)

▶ **「報・連・相」について学んで、感じたことは何ですか？**
(「호렌소(報・連・相)」에 대해서 배우고 느낀 점은 무엇인가요?)

追加問題 「報・連・相」の失敗事例 —IT 企業編—

(추가문제 「호렌소(報・連・相)」의 실패사례 -IT 기업편-)

以下は、IT 企業のエンジニア職における報・連・相の失敗事例です。状況を理解して、問題部分をチェックしてみよう。

(다음은 IT기업의 엔지니어 직종에서의 호렌소(報・連・相)실패 사례입니다. 상황을 이해하고 문제 부분을 체크해 봅시다.)

1. プロジェクトの遅延 (프로젝트 지연)

エンジニア A はプロジェクトの進行中に予想以上の技術的な障壁に直面しました。しかし、その事実を上司や関連部門に報告せず、自ら問題を解決しようと奮闘していました。結果的に、プロジェクトが大幅に遅延し、他の部門の作業スケジュールにも影響を与えました。

(엔지니어 A는 프로젝트 진행 중 예상을 넘는 기술적인 장애에 직면했습니다. 그러나 그 사실을 상사나 관련 부서에 보고하지 않고 스스로 문제를 해결하려고 애썼습니다. 결과적으로 프로젝트는 크게 지연되었고 다른 부서의 작업 일정에도 영향을 미쳤습니다.)

2. データ漏洩 (데이터 유출)

システム管理者 B が定期的なセキュリティアップデートを怠ったことを上司に報告しなかった。ある日、その未更新の部分からセキュリティ侵害を受け、顧客情報が外部に漏洩しました。後にそれが原因で企業の信用が大きく失墜し、業績にも大きな影響を与えました。

(시스템 관리자 B는 정기적인 보안 업데이트를 게을리한 사실을 상사에게 보고하지 않았습니다. 어느 날, 업데이트가 되지 않은 부분을 통해 보안 침해가 발생하였고, 고객 정보가 외부로 유출되었습니다. 이후 이로 인해 기업의 신뢰가 크게 추락하였고 업무 성과에도 큰 영향을 미쳤습니다.)

3. 不具合の拡大 (결함의 확대)

ソフトウェア開発チームが新しいアップデートをリリースした後、エンジニア C は小さなバグを発見しました。しかし、「このくらいのバグなら問題ないだろう」と考え、報告せずに放置しました。その後、そのバグがユーザーの環境で大きな問題を引き起こし、多数のクレームが寄せられる事態となりました。

(소프트웨어 개발 팀이 새로운 업데이트를 공개한 후, 엔지니어 C는 작은 버그를 발견했습니다. 그러나 「이 정도 버그라면 문제없을 것」이라고 생각하며 보고하지 않고 방치했습니다. 그 후, 그 버그가 사용자 환경에서 큰 문제를 일으켰고 다수의 불만이 접수되는 사태가 발생했습니다.)

4. 仕様の不一致 (사양 불일치)

クライアントとのミーティングでエンジニア D が新しい機能についての要望を受けました。しかし、その内容を正確にチームに連絡せず、自分の解釈で開発を進めた結果、クライアントの期待と大きく異なるものが完成しました。リリース前に大幅な修正が必要となり、納期が大幅に遅れました。

(고객과의 미팅에서 엔지니어 D는 새로운 기능에 대한 요청을 받았습니다. 그러나 그 내용을 정확하게 팀에게 연락하지 않고 자신의 해석으로 개발을 진행한 결과, 클라이언트의 기대와는 크게 다른 결과물이 완성되었습니다. 공개 전 대규모의 수정이 필요하게 되었고 납기가 크게 지연되었습니다.)